조직신학으로 이해하는 발달장애인 사역

장애신학

김해용 지음

도서출판 한장연

집필사

> A 엄마 : "목사님, 제 아이가 구원을 받을 수 있을까요?"
> B 교사 : "중증 장애인이 세례를 받을 수 있을까요?"
> C 집사 : "말을 못하는 장애인이 어떻게 예배를 드리죠?"

개인적으로 오래전부터 여러 교회에 속한 부모나 교사로부터 발달장애인에 대한 신앙상담을 많이 받았다. 그 내용도 무척이나 다양했다. 많은 분께 발달장애인과 관련된 신앙상담을 받으면서 그들과 관련된 기독교 교리에 관한 책이 있으면 좋겠다는 생각이 들었다. 막상 이곳 저곳을 찾아봤지만, 발달장애인과 관련된 기독교 교리에 관한 책은 찾아볼 수 없었다. 안타까운 마음과 함께 지난날 한국교회 역사 속에서 철저하게 무시당했던 발달장애인들과 그 부모님들이 머리에 떠올랐다.

예수님은 "한 영혼이 천하보다 귀하다"고 말씀하시며 "모든 민족에게 복음을 전하라"고 교회에 명령하셨는데 한국교회는 장애인의 고귀한 영혼과 그들의 영적 권리를 무시한 채 비장애인을 중심으로 목회해 왔다. 그런 가운데 장애인들이 모여서 장애인교회를 설립하여 예배를 드리게 되었다. 세상에서 뼈 아픈 차별과 무시를 경험한 장애인들이 교회 안에서도 똑같이 경험하게 된 것이다. 장애인이 없는 교회나 장애인만 모여있는 교회나 똑같이 건강한 체질을 가진 교회라고 생각할 수 없다. 왜냐하면 교회란 예수 그리스도께서 가르치신 용서의 덕목과 하나님의 참사랑을 배우고 실천하면서 영적 변화와 인격의 성장을 경험하는 곳이 되어야 하는데 가슴에 품을 부족한 사람이 없고 참사랑을 실천할 연약한 사람이 없다면 어떻게 영적 변화와 인격의 성장을 경험할 수 있는지 묻고 싶다. 그리스도의 몸된 거룩한 교회가 세상의 여느 집단처럼 힘을 앞세우며 유유상종하는 곳으로 인식된다면 그곳에는 하나님의 은혜가 없는 삭막한 곳이 될 것이다. 예수님께서 시각장애인을 치유하시면서 "우리가 모두 해야 할 일"이라고 말씀하신 깊은 이유가 있다. 그것은 장애인을 통해서 비장애인이 연약함의 신비를 깨닫고 영적 각성과 회복 그리고 하나님 나라의 도래와 거룩한 삶에 대해 바른 인식을 가지고 신앙생활을 하라는 의미가 있는 것이다.

한국교회가 연약함의 신비를 간직한 축복의 통로인 발달장애인에 대하여 관심이 별로 없다. 그 증거는 그들을 선교와 교육의 대상으로 생각하지 않았기 때문이다. 만일 한국교회가 그들을 선교와 교육의 대상으로 생각하고 적극적인 자세를 가지고 있었다면 신학교에서부터 장차 목회자가 될 분들에게 장애인 신학과 목회에 대해 교육을 했어야 했다. 그리고 한국교회가 관심은 있지만 어떻게 해야 할지 몰랐다면 장애인 선교 전문기관과 협력을 했어야만 했고 장애인 선교 전문기관은 한국교회에 발달장애인에 대한 교육자료 제작은 물론 지도자를 교육함으로써 한국교회가 발달장애인 사역을 잘 할 수 있도록 지원했어야 함에도 그렇지 못했다.

이런 상황에서 누군가 감당해야 하는 꼭 필요한 일이었기에 용기를 내어서 "장애 신학"이라는 책을 집필하게 되었다. 이 책은 조직신학을 중심으로 발달장애인에 대한 바른 이해를 돕기 위하여 개혁주의 입장에서 교리를 적용하여 집필한 책이다. 이 책은 Louis Berkhof의 조직신학을 주로 참고하였고 발달장애인 교회학교 사역 경험을 토대로 열린 마음으로 집필하였다.

  바라기는 이 책이 발달장애인을 위한 신학과 교회 목회의 초석을 놓는 디딤돌이 되었으면 좋겠다. 그리고 발달장애인 자녀를 둔 부모님들에게 기쁨과 소망이 되고 발달장애인 사역을 하는 동역자들에게는 작은 힘이라도 되었으면 좋겠다.

  부족한 원고가 한 권의 아름다운 책으로 만들어지기까지 내용을 검토하며 수정해 주신 강창욱 교수님께 감사를 드린다. 한편으로 이 책의 발간을 위하여 아낌없는 격려와 기도를 더 하면서 크라우드 펀딩에 참여해 주신 여러 동역자님께 깊은 감사를 드린다.

  끝으로 이 책이 한국교회의 발달장애인 선교사역과 한국교회의 건강한 체질 회복과 성장에 견인차 구실을 했으면 좋겠다는 마음이 솔직히 든다. 마라나타!

김해용 목사

A. 신론

1장. 하나님의 존재와 증거 (장애인에게 자신을 드러내시는 하나님)   10
2장. 하나님의 속성과 특징 (장애인을 통해 자신을 드러내시는 하나님)   14
3장. 하나님의 능력과 주권 (절대적인 능력을 나타내시는 하나님)   17
4장. 삼위일체이신 하나님 (장애인을 사랑하시는 삼위일체 하나님)   21
5장. 하나님의 작정과 성격 (장애인을 만드시고 사용하시는 하나님)   25
6장. 하나님의 예정과 대상 (장애인을 구원하시는 하나님)   29
7장. 하나님의 특별한 섭리 (기적을 나타내시며 다스리시는 하나님)   32

B. 인간론

1장. 인간의 기원 (인간을 창조하신 하나님)   38
2장. 인간의 창조 (하나님의 형상을 따라 장애인을 만드신 하나님)   42
3장. 인간과 약속 (행위 언약의 당사자인 장애인과 하나님)   45
4장. 인간의 타락 (사탄의 유혹의 대상이 되는 장애인)   49
5장. 죄의 본질적 특성 (죄의 영향력 아래에 있는 장애인)   52
6장. 죄의 형벌 (정의로 다스리시는 하나님)   57
7장. 은혜 언약 (은혜로운 언약의 대상인 장애인)   62

C. 기독론

1장. 예수님의 명칭과 성격 (장애인과 어떤 관련성이 있는가?)   68
2장. 예수님의 비하와 신분 (성육신의 이유는 무엇인가?)   75
3장. 예수님의 승귀와 신분 (장애인과 어떤 연관성이 있는가?)   79
4장. 예수님의 직분과 역할 (장애인에 대한 예언과 사역)   82
5장. 예수님의 속죄와 대속 (장애인을 위한 사랑과 공의)   87
6장. 예수님의 중보사역과 특징 (장애인을 중보하시는 예수님)   91
7장. 예수님의 왕직과 통치 (장애인이 거룩한 백성이 되는가?)   94

D. 구원론

1장. 그리스도와의 연합 (장애인이 은혜 언약에 참여할 수 있는가?)   100
2장. 거듭남의 은혜 (장애인이 거듭날 수 있는가?)   105
3장. 성령의 역사와 체험 (장애인이 성령을 체험할 수 있는가?)   109
4장. 성령의 은혜와 회심 (장애인이 회심할 수 있는가?)   113
5장. 하나님의 부르심과 칭의 (장애인이 믿음과 확신을 가질 수 있는가?)   118
6장. 성도의 성화 (장애인의 믿음이 성장할 수 있는가?)   122
7장. 성도의 견인과 영화 (장애인이 믿음 생활을 계속할 수 있는가?)   126

E. 교회론

1장. 교회의 정의와 본질 (장애인은 공동체에서 어떤 역할을 하는가?)   132
2장. 거룩한 공동체의 구성원 (장애인은 공동체 구성원인가?)   136
3장. 교회의 직분과 역할 (장애인은 직분을 가질 수 있는가?)   141
4장. 은혜의 방편인 설교 (장애인은 설교를 들을 수 있는가?)   145
5장. 은혜의 방편인 예배 (장애인은 예배에 참여할 수 있는가?)   150
6장. 은혜의 방편인 세례 (장애인은 세례를 받을 수 있는가?)   155
7장. 은혜의 방편인 성찬 (장애인은 성찬에 참여할 수 있는가?)   159

F. 종말론

1장. 종말의 의미 (장애인에게 종말을 어떻게 가르쳐야 하는가?)   164
2장. 죽음의 본질과 죄 (장애인은 죄에 대한 책임을 지는가?)   169
3장. 영혼의 불멸과 증거 (세례받은 장애인은 어떻게 되는가?)   175
4장. 예수님의 재림과 증거 (장애인은 부름의 대상이 되는가?)   179
5장. 천년왕국과 특징 (장애인에게 어떻게 가르쳐야 하는가?)   182
6장. 죽은 자의 부활 (장애인은 어떻게 부활하는가?)   185
7장. 최후의 심판 (장애인은 심판의 대상이 되는가?)   189

장애 신학
Disability Theology

조직신학으로 이해하는 발달장애인 사역

A. 신론

1장. 하나님의 존재와 증거 (장애인에게 자신을 드러내시는 하나님)

2장. 하나님의 속성과 특징 (장애인을 통해 자신을 드러내시는 하나님)

3장. 하나님의 능력과 주권 (절대적인 능력을 나타내시는 하나님)

4장. 삼위일체이신 하나님 (장애인을 사랑하시는 삼위일체 하나님)

5장. 하나님의 작정과 성격 (장애인을 만드시고 사용하시는 하나님)

6장. 하나님의 예정과 대상 (장애인을 구원하시는 하나님)

7장. 하나님의 특별한 섭리 (기적을 나타내시며 다스리시는 하나님)

A. 신론

1장

하나님의 존재와 증거

[장애인에게 자신을 드러내시는 하나님]

하나님의 존재를 알 수 있는가?

기독교는 하나님을 이해할 수 있는 대상으로 말하지 않는다. 그러나 하나님을 아는 지식은 구원을 위하여 필수적인 조건임을 말하고 있다. 실제로 성경에서는 하나님 자신을 다양한 방법으로 소개하고 있다. 그런데도 인간이 하나님에 대한 완전한 지식을 갖는 것은 불가능하다. 사실인즉 피조물이 어떻게 창조주를 완벽하게 이해할 수 있는가?

하나님에 대한 참지식은 오직 하나님의 자기 계시를 통해서만 가능하다. 즉, 사람은 하나님께서 자신에 대하여 알려주시는 것만 알 수 있으며 이것은 오직 어린아이와 같은 믿음으로 받아들이는 사람만이 깨달아 알게 된다. 다시 말하자면 하나님께서 깨닫게 하시는 은혜 곧 영적 능력을 주셔야만 하나님의 존재를 알 수 있다는 것이다.

철학자요 역사가인 데이비드 흄(David Hume, 1711~1776)은 하나님의 존재를 부인하지는 않았지만, 사람이 신의 속성에 관한 어떤 참된 지식도 가지고 있지 않다고 주장하였다.[1] 그러나 네덜란드의 수상이자 유명한 신학자였던 아브라함 카이퍼(Abraham Kuyper, 1837년~1920)는 하나님이 적극적으로 자신을 나타내실 때 사람은 하나님을 알 수 있다고 말했다. 이런 경우 인간의 이성이 아니라 믿음

---

1) 불가지론자 : 불가지론(不可知論, agnosticism)은 몇몇 명제(대부분 신의 존재에 대한 신학적 명제)의 진위 여부를 알 수 없다고 보는 철학적 관점, 또는 사물의 본질은 인간에게 있어서 인식 불가능하다는 철학적 관점이다.

으로 알 수 있으며 또한 성령의 도우심으로 하나님에 대하여 계속해서 알 수 있다고 말했다. 과연 누구의 말이 옳은가? 로마서 1:19절에는 '이는 하나님을 알 만한 것이 그들 속에 보임이라 하나님께서 이를 그들에게 보이셨느니라'라고 기록되어 있다. 즉, 하나님이 사람에게 찾아오셔서 자신을 나타내 보여 주신다면 제한적이지만 알 수 있다는 것이다.

그렇다. 하나님의 계시는 언제나 사람들에게 순수하고 주체적으로 나타난다. 그러나 그 계시는 하나님의 은혜로 말미암는 영적인 눈을 가질 때 비로소 깨닫고 이해할 수 있다.

장애인은 하나님의 존재와 계시를 알 수 있는가?

성경은 하나님에 대한 이중 계시에[2] 대하여 증거한다. 일반 계시가 일반적으로 모든 지성적인 피조물에 전달되고 따라서 모든 사람이 가까이 할 수 있는 것이라면 특별 계시는 하나님이 그의 구원을 알게 하시는 특별히 구별된 죄인들에게 전달되는 것이다.[3] 여기서 우리가 생각해 봐야 할 부분이 있다. '인지능력이 부족한 장애인이 하나님의 존재와 계시의 증거를 알 수 있는가?'라는 의문을 가질 수 있다.

이에 대한 답을 유추해 보자면 첫째, 하나님은 전지전능하시므로 비록 인지가 부족한 장애인이라 할지라도 특별한 은혜를 주신다면 하나님의 존재와 계시의 증거를 알 수 있다. 왜냐하면 그 은혜는 차별 없는 은혜이며 불가항력적인 은혜이기 때문이다. 다시 말하자면 하나님이 주시는 특별한 은혜는 누구에게나 주시고자 하는 은혜이며 누구도 거부할 수 없는 은혜라는 의미이다. "누구든지 주의 이름을 부르는 자는

---

2) 이중 계시(twofold revelation) : 구원과 관련해서 일반 계시와 특별 계시로 나눈다. 일반 계시는 말 그대로 '일반적인 것(general)'이다. 일반 계시는 그 영역이 일반적이기 때문에 모든 사람에게 똑같이 주어진다. (마 5:45, 행 14:17) 이에 반하여 특별 계시는 창세 전에 구원하시기로 택정하신 자들에게 주시는 계시, 즉 자신을 나타내시는 것이다.
3) 워필드의 견해로서 저자가 동의하며 인용한다.

구원을 받으리라."⁴⁾

둘째, 구원받는 믿음이란 이성에 기초한 자기 스스로 갖는 지식이 아니다. 하나님께서 깨닫는 은혜를 주실 때 비로소 가질 수 있는 지혜다. 그리고 구원받는 믿음은 하나님의 주권과 능력으로 행하는 것이므로 사람의 협력과 도움을 필요로 하지 않는다.

셋째, 앞에서 언급한 바와 같이 구원받는 특별한 은혜란 사람이 거부할 수 없는 불가항력적인 은혜이며 성령께서 일방적으로 베푸시는 은혜이기 때문이다.

넷째, 성령 하나님이 베푸시는 특별한 은혜는 사람의 지식, 능력, 경험과 관계없이 영적 각성을 일으키며 하나님과 교제할 수 있는 영적 능력을 갖추게 하기 때문이다. "보혜사 곧 아버지께서 내 이름으로 보내실 성령 그가 너희에게 모든 것을 가르치고 내가 너희에게 말한 모든 것을 생각나게 하리라."⁵⁾

하나님은 사람과 교제하시거나 뜻을 알리실 때 성령의 역사를 통하여 인간의 이성을 이해시키신다. 그러므로 이성의 능력이 약한 장애인이라 할지라도 교제와 뜻을 전하는 것에는 전혀 제약을 받지 않으신다. 사람의 이성이 아무리 탁월하다 할지라도 구원의 사역을 주도하시는 성령의 도우심이 없다면 이러한 이성은 오히려 하나님과 교제하거나 그 뜻을 분별하는데 방해가 될 수 있다. 하나님은 불가항력적인 은혜⁶⁾를 베푸시는 분이시다.

하나님은 생명을 주시는 참사랑의 속성을 가지고 계시며 참사랑이 필요한 사람에게 그것을 공급하심으로 자신의 존재와 거룩하신 뜻을 드러내신다. 이에 대한 좋은 예가 날 때부터 시각장애인이었던 사람

---

4) 사도행전 2장 21절
5) 요한복음 14장 26절
6) 불가항력적 은혜(Irresistible grace) : 유효적 은혜(efficacious grace, 성령의 유효한 부르심)라고도 한다. 이것은 하나님께서 구원하기로 작정한 사람들에게 효과적으로 적용하시는데 하나님의 때에 거부할 수 없는 은혜로 말미암아 그리스도를 믿게 한다.

의 눈을 뜨게 하신 사건이다.[7] 이 사건은 하나님의 현현이신 예수 그리스도가 누구이신지 그리고 하나님의 뜻과 거룩한 일이 무엇인지 분명하게 나타내 주고 있다. 다시 말하자면 시각장애인을 통하여 하나님의 존재와 그 뜻을 드러내신 것이다. 시각장애인이 하나님의 존재와 거룩하신 일이 무엇인지 알리는 도구로 사용됨으로써 축복의 통로가 된다는 것뿐만 아니라 직접 장애인들에게 진리의 복음을 듣고 가르치며 그들의 장애를 고쳐주심으로서 예수 그리스도가 누구인지 그리고 하나님의 뜻이 무엇인지 깨닫게 하시는 일이 예수님의 공생애 동안에 셀 수 없을 정도로 많이 나타난다.

■ 더 깊은 연구를 위한 질문

예수님이 말씀하신 '하나님의 하시는 일'이란 무엇이며 또한 '우리가 해야 하리라'는 의미는 무엇인가?

---

[7] 요한복음 9:1-5절

A. 신론

2장
하나님의 속성과 특징
[장애인을 통해 자신을 드러내시는 하나님]

하나님은 어떤 속성(Attributes)을 가진 분인가?

많은 분이 '하나님은 존재하시는가?' 그리고 '하나님은 어떤 분이신가?' 궁금해 한다. 그러나 이러한 질문에 대하여 충분한 이해가 되도록 명쾌하게 대답해 줄 사람은 없을 것이다. 왜냐하면 유한한 피조물인 사람이 창조주이신 하나님을 짧은 이성과 논리로 증명한다는 것이 맞지 않기 때문이다. 그러나 많은 기독교인이 하나님의 존재를 알고 있을 뿐만 아니라 하나님이 어떤 분이신지 또한 알고 있다. 그 이유는 하나님께서 성경과 계시를 통하여 제한적이지만 사람의 구원과 관련하여 충분한 내용을 사람들에게 알려주셨기 때문이다. 한 가지 예를 들자면 하나님은 사랑의 속성이 있으시며 그 속성은 자연 만물을 통하여 모든 사람에게 나타내실 뿐만 아니라 믿음과 구원의 은혜를 주심으로서 믿는 사람들에게 제한적으로 나타내신다는 것이다.

사랑은 하나님이 갖고 계신 본질적인 속성으로 사람에게도 확인된다. 이것을 공유적 속성이라고 말한다. 물론 하나님은 사람이 갖고 있지 않은 속성 곧 비공유적 속성도 갖고 계신다.[8]

공유적 속성이란 인격적인 영으로서의 하나님을 강조한다. 즉, 지성적이고 도덕적 하나님이라는 의미이다. 그러므로 지식과 지혜를 가진

---

[8] 비공유적 속성 : 스스로 존재하는 자존성(self-existent), 목적과 약속에 있어서 변함이 없는 불변성(immutability), 모든 제한으로부터 자유하시는 무한성(infinity), 오직 한 분이시며 독특하신 단일성(unicity)을 의미한다.

지성적인 사람과 인간의 도리나 사회규범을 지키는 도덕적인 사람 그리고 품격을 갖춘 인격적인 사람에게서 하나님의 사랑을 발견할 수 있다는 것이다. 한편으로 예수님은 '하나님은 영이시다'[9]라고 말씀하셨다. 그리고 예수 그리스도를 믿는 사람들에게(요 7:38, 39절) 성령이 임한다는 것을 말씀하셨다.[10] 따라서 예수 그리스도로 말미암아 성령이 내주한 사람이라면 그는 하나님의 공유적 성품과 사랑을 알 수 있는 것이다.

하나님은 절대적인 주권을 가지신 분으로서 모든 사람의 운명을 결정하시고, 자신의 목적을 위하여 그들을 사용하시며 통제하기도 하신다. 그리고 사람들을 통하여 자신의 성품과 사랑을 드러내신다.

장애인 사역을 통하여 자신을 드러내시는 하나님

하나님의 지혜와 사랑의 속성을 가장 뚜렷하게 나타내 주신 부분은 예수님으로서의 성육신과 공생애 사역이다. 연약한 자들을 구원하시기 위하여 친히 연약한 사람의 몸을 입고 세상에 들어오신 것은 거룩한 지혜요 놀라운 사랑이다. 하나님의 현현인 예수 그리스도의 성육신과 공생애 사역은 연약함의 신비를 드러내는 비하의 여정이었으며 구원을 위한 사역이었다.

이사야 선지자는 예수 그리스도가 성령의 사역을 통하여 하나님의 속성과 의지를 드러내신다고 말했다. 예수 그리스도는 이사야 선지자의 예언서를 읽음으로써 메시아 직에 취임하셨고 가난한 사람, 포로가 된 사람 그리고 온갖 장애를 가진 사람들을 치유하심으로써 하나님 나라가 이 땅에 임했다는 것과 하나님의 직접적인 통치를 나타내셨다.[11]

---

9) 요한복음 4장 24절 : "하나님은 영이시니 예배하는 자가 영과 진리로 예배할지니라."
10) 사도행전 1장 8절 : "오직 성령이 너희에게 임하시면 너희가 권능을 받고 예루살렘과 온 유대와 사마리아와 땅 끝까지 이르러 내 증인이 되리라 하시니라."
11) 이사야 61장 1-3절 : "주 여호와의 영이 내게 내리셨으니 이는 여호와께서 내게 기름을 부으사 가난한

예수 그리스도가 고난의 종으로 사람들을 찾아오시고 그들을 섬기신 것은 하나님이 고난을 통하여 우리와 관계를 맺으시고 우리의 하나님이 되셨다는 뜻으로 이해해야 한다. 하나님은 언제나 연약하고 고통당한 사람들을 눈여겨보시고 그들을 사랑하신다. 특별히 장애를 가진 사람들의 치유와 회복을 통하여 자신의 거룩한 속성과 아름다운 정의를 드러내시며 하나님 나라의 도래와 통치를 증거하신다. 그래서 장애인을 은혜의 도구이자 축복의 통로라고 표현하는 것이다.

■ 더 깊은 연구를 위한 질문

하나님 나라가 이 땅에 임했다는 사실과 하나님이 그 백성을 다스리신다는 사실을 어떻게 알 수 있는가?

자에게 아름다운 소식을 전하게 하려 하심이라 나를 보내사 마음이 상한 자를 고치며 포로된 자에게 자유를, 갇힌 자에게 놓임을 선포하며 여호와의 은혜의 해와 우리 하나님의 보복의 날을 선포하여 모든 슬픈 자를 위로하되, 무릇 시온에서 슬퍼하는 자에게 화관을 주어 그 재를 대신하며 기쁨의 기름으로 그 슬픔을 대신하며 찬송의 옷으로 그 근심을 대신하시고 그들이 의의 나무 곧 여호와께서 심으신 그 영광을 나타낼 자라 일컬음을 받게 하려 하심이라." - 누가복음 4:18-19절에서 사용

A.
신론

3장
하나님의 능력과 주권
[절대적인 능력을 나타내시는 하나님]

하나님은 어떤 능력을 가진 분인가?

하나님은 자신을 일컬어 "스스로 있는 자"[12]라고 말씀하셨다. 히브리어 원문을 문자적으로 해석하면 "나는 나다"라는 뜻으로 하나님의 자존성을 나타내는 표현이다. 스스로 자존하시는 하나님이 태초에 말씀으로 천지 만물을 창조하셨다.[13] 이때 하나님이란 이름을 '엘로힘(복수형 Elohim : 단수형 엘로하 Eloha)'이라고 성경은 나타내고 있다. 엘(El)이라는 의미는 아마도 '첫째' 혹은 '주'라는 뜻이든지 아니면 강하고 힘이 있다는 의미가 있는 '울(ul)'에서 유래된[14] 것으로 생각한다. 따라서 엘로힘은 복수형 명사이지만 단수형 동사 bā·ra(창조하시니라)를 사용하여 천지를 말씀으로 창조하신 '삼위일체 하나님'을 의미한다. 한편으로 능력이 있으신 전능하신 하나님이라는 의미로 '엘샤다이(El-Shaddai)'[15]라고도 표현한다.

절대적인 능력을 나타내시는 하나님

장애인이 태어나면 부모 대부분은 고통스러워하며 슬퍼한다. 그 이유는 장애인이 불완전하다고 생각하며 마치 잘못된 상품처럼 불량품

---

12) 출애굽기 3장 14절
13) 창세기 1장 1절
14) 루이스 벌코프, 『벌코프 조직신학』, 권수경·이상원 공역, (경기 : 크리스챤 다이제스트, 1993), p.239
15) 창세기 17장 1절 : "아브람이 구십구 세 때에 여호와께서 아브람에게 나타나서 그에게 이르시되 나는 전능한 하나님(엘샤다이)이라 너는 내 앞에서 행하여 완전하라."

과 같은 존재라고 인식하기 때문이다. 부모가 이렇게 생각하는 이유는 장애 자녀를 하나님의 걸작품이 아닌 자신의 졸작품으로 보기 때문이다. 장애는 연약함을 의미하지만 잘못됨을 의미하는 것은 아니다. 왜냐하면, 전능하신 하나님 자신이 장애인을 만드셨다고 말씀하시기 때문이다.[16] 그렇다. 전능하신 하나님이 어처구니없는 실수를 하실 일이 있겠는가? 절대 그렇지 않을 것이다.

예수 그리스도께서는 장애인이 하나님의 일을 위한 거룩한 도구로 사용된다는 말씀을 하셨다. "예수께서 길을 가실 때에 날 때부터 맹인 된 사람을 보신지라. 제자들이 물어 이르되 랍비여 이 사람이 맹인으로 난 것이 누구의 죄로 인함이니이까 자기니이까 그의 부모니이까? 예수께서 대답하시되 이 사람이나 그 부모의 죄로 인한 것이 아니라 그에게서 하나님이 하시는 일을 나타내고자 하심이라."[17]

전능하신 하나님이 장애인을 만드신 이유는 장애인을 통하여 하나님의 거룩한 뜻을 드러내시기 위한 것이다. 그 내용을 세 가지 정도만 생각해 보자.

첫째, 예수 그리스도가 장애인의 몸을 치유하심으로써 세상을 심판하실 메시아 되심을 나타내신다.[18]

둘째, 세상을 구원하실 메시아가 이 땅에 오셨다는 사실은 하나님 나라가 임했다는 것을 또한 알려준다.[19]

셋째, 예수 그리스도가 장애를 치유하시고 회복하심으로써 은혜와 진리로 온 백성을 다스리시는 진정한 왕이심을 나타내신다.[20]

연약한 사람들은 언제나 힘이 있는 강한 사람을 좋아하지만 전능하

---

16) 출애굽기 4장 11절 : "여호와께서 그에게 이르시되 누가 사람의 입을 지었느냐 누가 말 못 하는 자나 못 듣는 자나 눈 밝은 자나 맹인이 되게 하였느냐 나 여호와가 아니냐."
17) 요한복음 9장 1-3절
18) 이사야 61장 1절, 요한복음 9장 39절
19) 마태복음 12장 28절
20) 요한복음 18장 37절 : "빌라도가 이르되 그러면 네가 왕이 아니냐 예수께서 대답하시되 네 말과 같이 내가 왕이니라 내가 이를 위하여 태어났으며 이를 위하여 세상에 왔나니 곧 진리에 대하여 증언하려 함이로라 무릇 진리에 속한 자는 내 음성을 듣느니라 하신대."

신 하나님은 언제나 연약한 사람을 좋아하시며 그들을 사용하신다. 그 이유는 어떤 사람도 하나님 앞에서 자랑하지 못하게 하기 위함이며 자기 힘을 자랑하는 교만한 사람을 깨닫게 하기 위함이다.[21]

발에 밟히는 먼지도 햇빛을 받으면 보석처럼 빛나듯이 아무리 연약한 존재라도 하나님의 거룩한 손에 사로잡히고 은혜를 받으면 능력 있는 도구로 사용된다.[22] 이것이 전능하신 능력과 온 세상의 주권을 드러내시는 하나님의 방법이다.

인간이 단순한 존재가 아니듯이 장애인 역시 단순한 존재가 아니다. 장애라는 연약함 안에 순수한 의미가 있듯이 장애 속에는 일반적인 세상 지식으로는 결코 알 수 없는 신비가 감추어져 있다. 오직 믿음의 눈으로 살펴야 찾아낼 수 있는 놀라운 가치와 영적 기능이 숨겨져 있다. 그것은 연약함 속의 능력(strength in weakness)이라는 새로운 힘이다. 즉, 하나님의 능력이다.

그러나 모든 사람이 거룩한 존재가 아니듯이 모든 장애인도 연약함의 신비를 지닌 존재가 아니다. 장애인 중에는 우리가 알지 못하는 상처 때문에 왜곡된 자아를 갖고 비상식적인 말을 하고 비도덕적인 행동을 하는 사람들이 있다. 그러나 하나님은 그들을 통해서도 자신의 능력과 주권을 드러내신다. 왜냐하면, 공의로 세상을 심판하시며 정의로 다스리시기 때문이다.

하나님의 절대적인 능력과 주권은 하나님 스스로 갖는 것이며 어떤 사람의 협력과 도움이 필요하지 않다. 또한 발달장애인을 포함한 그 어떤 사람에게도 하나님은 자기 뜻에 따라 절대적인 능력과 주권을 나타내신다.

---

21) 고린도전서 1장 27절-29절
22) 김해용, 『연약함의 신비』, (도서출판 : 한장연, 2020), p.47

■ **더 깊은 연구를 위한 질문**

장애 안에 감추어진 연약함 속의 능력(strength in weakness)이란 무엇을 의미하는가?

A. 신론

4장
삼위일체이신 하나님
[장애인을 사랑하시는 삼위일체 하나님]

삼위일체 하나님이란 어떤 뜻인가?

창세기 1장 1절 곧 "태초에 하나님이 천지를 창조하시니라"를 살펴보면 하나님은 자신을 복수명사로 나타내신다.[23] 이것은 나누어질 수 없는 한 분의 신적 본체에 삼위가 존재하신다는 사실을 암시해 준다. 다시 말해서 성부 하나님, 성자 하나님, 성령 하나님이시라는 뜻이다. 성경에는 삼위일체라는 표현은 없으나 이처럼 유추해 볼 수 있는 근거는 곳곳에 나타나 있다.

유한한 사람이 부족한 지식으로 무한한 하나님을 이해하려고 한다면 어불성설이라 할 수 있다. 따라서 삼위일체 하나님을 머리와 지식으로 이해하려고 하기보다는 마음과 믿음으로 받아들이는 것이 올바른 방법이라 할 수 있을 것이다.

장애인을 사랑하시는 삼위일체 하나님

바울 사도는 성부 하나님을 아들을 보내신 분으로 말씀하셨고,[24] 성자 예수 그리스도를 신성이 충만한 분으로 표현했다.[25] 그리고 성령 하나님은 우리를 돕기 위하여 예수 그리스도께서 보내신 거룩한 영으로

---

23) 엘로힘(Elohim) 명사. 남성. 복수형
24) 갈라디아서 4장 4절 : "때가 차매 하나님이 그 아들을 보내사 여자에게서 나게 하시고 율법 아래에 나게 하신 것은"
25) 골로새서 2장 9절 : "그 안에는 신성의 모든 충만이 육체로 거하시고."

말씀한다.[26)] 그렇다면 삼위 하나님께서 장애인들을 어떤 방법으로 사랑하시는지 살펴보자.

첫째, 성부 하나님은 모든 영적인 자녀의 아버지가 되시며 자신의 품을 떠난 자녀를 부르시기 위한 계획을 하셨다. 그리고 그 부르심의 역할을 위하여 아들 예수 그리스도를 세상에 보내셨으며 그 계획은 세상을 창조하시기 전부터 있었고 완전하고 취소할 수 없는 계획이었다.[27)] 장애인이 태어난 것도 부모가 비록 낳았지만, 창세 전에 성부 하나님의 온전한 계획 속에 포함되어 있었다는 것이다. 따라서 하나님이 정하신 때와 대상과 방법에 따라서 장애인이 되었다는 것이다. 성부 하나님은 이러한 사실을 증명하시기 위하여 자신을 토기장이로 비유해서 말씀해 주고 있다.[28)] 하나님의 말씀은 모든 사람을 특별한 의도를 갖고 각기 다르게 빚으셨다는 것이다. 따라서 장애인도 하나님의 걸작품이며 특별한 용도가 있게 하셨다. 그 용도가 무엇일까?

바울 사도는 그 이유를 다음과 같이 설명하고 있다. "그러나 하나님께서 세상의 미련한 것들을 택하사 지혜 있는 자들을 부끄럽게 하려 하시고 세상의 약한 것들을 택하사 강한 것들을 부끄럽게 하려 하시며 하나님께서 세상의 천한 것들과 멸시받는 것들과 없는 것들을 택하사 있는 것들을 폐하려 하시나니."[29)] 즉, 복음을 위한 도구로 사용하신다는 것이다. 앞에서 언급한 바와 같이 하나님의 존재와 거룩하신 뜻은 결코 사람의 머리와 지식으로 이해할 수 있는 것이 아니다. 오직 깨끗한 마음과 하나님이 주신 믿음으로 받아들여야 한다. 이럴 때 장애를 통하여 하나님의 거룩한 뜻과 사랑의 손길을 깨닫게 된다.

---

26) 로마서 8장 26절 : "이와 같이 성령도 우리의 연약함을 도우시나니 우리는 마땅히 기도할 바를 알지 못하나 오직 성령이 말할 수 없는 탄식으로 우리를 위하여 친히 간구하시느니라."
27) 에베소서 3장 11절 : "곧 영원부터 우리 주 그리스도 예수 안에서 예정하신 뜻대로 하신 것이라."
28) 로마서 9장 20절-21절 : "사람아 네가 누구이기에 감히 하나님께 반문하느냐 지음을 받은 물건이 지은 자에게 어찌 나를 이같이 만들었느냐 말하겠느냐 토기장이가 진흙 한 덩이로 하나는 귀히 쓸 그릇을, 하나는 천히 쓸 그릇을 만들 권한이 없느냐."
29) 고린도전서 1장 27절-28절

둘째, 성자 하나님은 세상 모든 사람에게 하나님의 은혜와 진리의 복음을 전하며 잃어버린 하나님의 자녀를 부르기 위하여 이 땅에 오셨다. 그리고 잃어버린 하나님의 자녀를 찾기 위하여 진리의 복음을 가르치고 천국 복음을 전파하며 모든 병과 장애를 치유하는 사역을 하셨다.[30] 예수 그리스도는 장애인들을 특별히 사랑하셨으며 그들의 치유와 회복을 통하여 하나님의 성품을 나타내 보여주셨고 하나님의 통치와 나라가 임했음을 드러내셨다. 따라서 절망할 수밖에 없었던 사람들이 천국 소망을 갖게 됨으로써 예수 그리스도를 믿고 따르게 된 것이다. 예수 그리스도는 가는 곳마다 장애인을 불쌍히 여기시고 그들을 치유하셨다.[31] 즉, 장애인들을 누구보다도 가장 사랑하셨다. 예수 그리스도의 모범을 따르는 교회는 누구의 모범을 따라야 하는지 곰곰이 생각해 봐야 한다.

셋째, 성령 하나님은 성부 하나님이 성자 예수님의 이름으로 세상에 보냄 받은 진리의 영으로서 연약한 사람들을 도우시고, 깨닫게 하시는 거룩한 일을 하신다.[32] 그뿐만 아니라 성령 하나님은 구원의 은혜를 주시며 권능도 주시고 복음의 증인이 되게 하신다.[33] 성령 하나님이 베푸시는 은혜는 차별이 없고, 거절할 수도 없으며, 누구든지 원하는 사람에게 주신다.[34] 따라서 하나님의 은혜를 받은 사람은 죄를 용서받으며 하나님의 자녀가 된다. 따라서 하나님과 관계가 회복되어 참 자유와 평안을 누리며 살게 된다. 그뿐만 아니라 힘들고 어려운 세상 속에서 보호하심과 돌보심 그리고 인도하심을 받고 궁극적으로 하나님 나라로 인도하심을 받는다. 특히 성령 하나님은 장애인처럼 연약한 사

---

30) 마태복음 9장 35절 : "예수께서 모든 도시와 마을에 두루 다니사 그들의 회당에서 가르치시며 천국복음을 전파하시며 모든 병과 모든 약한 것을 고치시니라."
31) 마태복음 9장 35절
32) 요한복음 14장 26절 : "보혜사 곧 아버지께서 내 이름으로 보내실 성령 그가 너희에게 모든 것을 가르치고 내가 너희에게 말한 모든 것을 생각나게 하리라."
33) 사도행전 1장-2장
34) 사도행전 2장 21절 : "누구든지 주의 이름을 부르는 자는 구원을 받으리라 하였느니라."

람들을 위하여 탄식하며 기도해 주시고 때를 따라 필요한 것을 공급하시며 궁극적으로 예수 그리스도와 함께 상속자가 되어 하나님의 영광에 참여하게 하신다.[35]

삼위일체 하나님을 구원 사역과 관련하여 쉽고 간단하게 이해하자면 성부 하나님은 구원을 계획하시고, 성자 하나님은 그 계획을 성취하시며, 그리고 성령 하나님은 그 계획을 적용하시는 분이라고 생각하면 좋을 것이다. 물론 삼위 하나님은 인격과 능력에서는 같지만 직임과 사역에서는 각기 다르며 온전한 협력으로 구원 사역을 완성하시는 분이시다.

장애인은 앞에서 언급한 바와 같이 하나님이 특별한 뜻을 갖고 창조하신 걸작품이며 축복의 통로이며 거룩한 도구로 사용된다. 그러므로 장애를 문제와 슬픔만이 아니라 의미와 기쁨을 주는 축복의 통로로 받아들여야 한다. 이것이 장애인을 사랑하시는 삼위일체 하나님의 뜻이다.

■ 더 깊은 연구를 위한 질문

장애인을 향한 구원 사역에서 삼위일체 하나님의 역할은 무엇인가?

---

[35] 로마서 8장 17절, 26절 : "자녀이면 또한 상속자 곧 하나님의 상속자요 그리스도와 함께 한 상속자니 우리가 그와 함께 영광을 받기 위하여 고난도 함께 받아야 할 것이니라." "이와 같이 성령도 우리의 연약함을 도우시나니 우리는 마땅히 기도할 바를 알지 못하나 오직 성령이 말할 수 없는 탄식으로 우리를 위하여 친히 간구하시느니라."

A. 신론

5장

하나님의 작정과 성격

[장애인을 만드시고 사용하시는 하나님]

하나님의 작정(decree)이란 무엇인가?

하나님의 작정이란, 하나님의 주권을 강조하는 말이다. 바울 사도는 에베소서 1장 11절에서 "모든 일을 그 마음의 원대로 결정하시는 분"으로 묘사하고 있다. 하나님의 작정은 목적을 갖고 진행하시는데 절대적 지혜에 기초한다. 그뿐만 아니라 하나님의 작정은 영원하며, 효과적이고 불변적이며 무조건적이다. 아울러 세상에서 일어나는 모든 일을 포함한다.

그렇다면 하나님이 장애인이 되게 하신 것도 창세 전에 작정하신 것인가? 이에 대한 대답은 '그렇다'이다. 그렇다면 또다시 질문하게 된다. '사람은 하나님이 주신 자유의지와 이성으로 자기 결정을 스스로 할 수 있는 자유로운 행위자이다. 따라서 스스로 자신의 행동을 결정할 수 있는데 하나님의 작정과 어긋나지는 않는가?'라는 의문을 가질 수 있다.

하나님은 이에 대하여 말씀하시기를 사람의 자유로운 행동을 작정하셨으며 또한 그 행동에 따른 책임까지도 작정하셨다는 것이다.[36] 우리가 알아야 할 중요한 점은 세상에서 일어나야 할 하나님의 작정된 모든 일이 당신의 직접적인 행동에 의해서만 실행되도록 작정하지 않

---

36) 사도행전 2장 23절 : "그가 하나님께서 정하신 뜻과 미리 아신 대로 내준 바 되었거늘 너희가 법 없는 자들의 손을 빌려 못 박아 죽였으나" (그 외 4:27절-28절, 창 50:19절-20절 참조)

으셨다는 것이다. 다시 말하자면 사람들의 자유로운 행위를 통하여 하나님의 작정이 성취되도록 하셨다는 것이다. 하나님의 작정은 단지 사건들에 대한 확실성을 보여준다는 것이다.

좀 더 구체적으로 생각해보면 선천적으로 장애를 갖고 태어나거나 혹은 후천적으로 장애가 발생하는 것도 좋지 않은 삶의 환경이나 사람의 부주의 및 잘못된 행위를 허용하심으로서 나타나게 되며 결국 하나님의 작정을 드러내게 된다는 것이다.

하나님은 사람에게 자유의지와 이성을 주시고 자유로운 선택과 행위를 할 수 있게 하셨다. 그런데 사람의 죄에 관한 심판과 관련하여 생각해 볼 때, 설사 사람이 자신의 자유로운 선택과 행위 가운데 죄를 짓는다고 할지라도 그것을 허용하시되 죄에 대한 책임은 하나님께 돌릴 수 없고 사람 스스로 지게 하여 하나님이 이미 작정하신 뜻을 이루게 하신다는 의미이다.[37] 다시 말하자면 하나님의 작정은 모든 자유로운 피조물의 행위에 관여하시되 모두 같은 방식으로 실현하시지 않는다는 것이다. 그러나 스스로 작정하신 계획은 절대적으로 이루게 하신다. 이것이 하나님의 지혜이며 작정에 대한 성격이다.

장애인을 만드시고 사용하시는 하나님

하나님은 장애인을 직접 만드시고 거룩한 도구로 사용하신다고 말씀하셨는데 그 이유가 무엇일까? 한마디로 말하자면 하나님은 연약한 사람을 거룩한 도구로 사용하시는 것을 좋아하시기 때문이다. 성경에 등장하는 많은 장애인이 창조주 하나님의 특별한 계획을 알리고 영광을 드러내는 존재로 사용되었다. 그들이 하나님의 거룩한 도구로 사용된 이유는 단지 연약했기 때문이다. 연약함은 무용하다는 편견을 갖게 하지만 한편으로는 동정(compassion)적인 생각을 하게도 한다. 다시

---

37) 허용적 작정(permissive decree), 벌코프 조직신학, 크리스챤 다이제스트, p.305

말하자면 연약한 사람의 처지를 보면서 가엾게 여기거나 자기 일처럼 생각해서 사랑을 베푼다는 것이다. 하나님은 연약한 사람을 사용해서 하나님의 사랑을 깨닫게 하시고 하나님의 뜻을 이해하게 하신다. 그러므로 연약한 사람도 하나님의 선하신 뜻을 이루는 거룩한 도구로 사용될 수 있다.

예수님이 십자가의 고난을 통하여 연약한 상태가 되었을 때 우리의 죄를 용서하시고 우리와 관계를 맺으시고 우리의 하나님이 되셨던 것처럼 연약한 사람도 그 고난 속에 사람들을 초대함으로써 이들로 연약함의 신비를 깨닫게 하여 올바른 자아정체성을 갖게 한다. 자아정체성이란 다른 사람과 관계를 맺으면서 발견하기도 하고 갖게 되기 때문이다.[38] 한편으로 신체적 장애는 고난의 표징이지만 그 속에는 영적 장애의 현실을 고발하고 깨달음을 주는 예언적 순기능을 내포하고 있다. 그리고 장애인이 능력면에서 다소 부족하고 연약한 면모를 갖고 있지만 서로 돕는 관계 속에서 바람직한 인간관계와 건강한 공동체성을 깨닫고 회복시켜 주기도 한다. 이처럼 장애는 우리에게 유익하다. 그러나 장애가 거룩한 도구요 축복의 통로로 사용되고 유익한 것이 되기 위해서는 하나님의 은혜를 입어야 한다. 왜냐하면, 연약함의 신비는 영적 깨달음을 통하여 얻을 수 있는 가치이기 때문이다.

하나님의 작정은 결국 선하신 하나님의 뜻에 따라 때를 두고 드러내신다.[39] 그리고 그 작정은 반드시 이루어지게 하신다. 그러므로 모든 사람은 하나님을 경외하고 그 말씀에 순종하는 삶을 살아야 한다.

---

38) 대상관계이론 : 프로이드 이론을 기본으로 멜라니 클라임이 새롭게 발전시킨 정신분석의 한 방법론으로서 대인관계를 통하여 자아발견과 인격이 형성된다는 이론이다.
39) 전도서 3장 1절 : "범사에 기한이 있고 천하 만사가 다 때가 있나니"

■ 더 깊은 연구를 위한 질문

성경에서 창조주 하나님의 특별한 계획을 알리고 영광을 드러내는 장애인들의 사례를 찾아보자.

A.
신론

6장

하나님의 예정과 대상

[장애인을 구원하시는 하나님]

하나님의 예정(predestination)이란 무엇인가?

하나님의 예정이란 일반적으로 하나님의 주권적 선택(election)과 의로운 유기(reprobation)를[40] 말한다. 예정의 대상은 모든 이성적인 존재인데 특히, 사람의 구원과 관련한 하나님의 예정은 선택과 유기로 나누어져 있다. 신학자들에 따라서 '예정'과 '작정'이 동의어로 사용되기도 하지만, 벌코프의 경우에는 '작정'을 보편적 계획으로 그리고 '예정'을 특수한 계획으로 구분하여 생각했다. '작정'이 보편적이고 포괄적이라면 '예정'은 사람의 구원에 대한 선택과 유기에 관련하여 사용되는 용어라고 이해하면 좋을 것이다.

하나님의 선택은 다음과 같다. 첫째, 선택은 하나님의 주권적인 의지이다.[41] 이 말은 구원은 사람의 공로에 의한 선택이 아니며 오직 하나님의 기쁘신 뜻에 따른 것이다. 둘째, 하나님의 선택은 불변적이어서 선택받은 자의 구원을 확실하게 한다.[42] 이 말은 사람의 불확실한 순종이 있을지라도 구원이 취소되지 않으며 오직 하나님의 변함없는 목적 속에서 구원을 확실하게 보증을 받는다는 뜻이다. 셋째, 하나님의 선택은 영원하며, 그 선택은 영원으로부터 시작되었다.[43] 이 말은

---

40) 유기 : 선택하지 않고 버리는 것을 뜻한다.
41) 요한복음 3장 16절, 디모데후서 1장 9절
42) 로마서 8장 29절-30절, 디모데후서 2장 19절
43) 로마서 8장 29절-30절, 에베소서 1장 4절-5절

하나님의 선택은 창세 전부터 계획되었고 사람의 구원에 관한 하나님의 계획은 영원하다는 뜻이다. 넷째, 하나님의 선택은 무조건적이다.[44] 이 말은 사람의 구원이 선한 행실이나 공로에 의하지 않고 오직 하나님의 은혜로운 결정에 의한다는 뜻이다. 다섯째, 하나님의 선택은 불가항력이다.[45] 이 말은 사람이 반대할 수 없다는 뜻이 아니고 반대하거나 거절해도 효과가 없다는 뜻이다. 다시 말하자면 사람의 자유의지를 꺾는다는 의미가 아니라 하나님이 은혜로 사람을 감동하게 해서 도저히 거부할 수 없게 만든다는 뜻이다. 여섯째, 하나님의 선택은 불의한 것으로 비난 될 수 없다.[46] 이 말은 창조주 하나님이 어떤 사람은 선택하고 어떤 사람은 버리신다 할지라도 그것이 잘못되었다고 비난할 수 없다는 뜻이다. 왜냐하면, 선택과 유기는 하나님의 절대적 주권이며 사람의 권리가 아니기 때문이다.

하나님의 유기란, 사람의 구원에 관해 어떤 사람은 그냥 지나가시고 또한 어떤 사람은 죄에 대하여 벌하심으로 공의를 드러내시는 하나님의 영원한 계획이다. 다시 말하자면 유기란, '간과'하시고 '정죄'하신다는 뜻이다. 하나님의 유기는 선택과 마찬가지로 사람들의 행동과는 관계없는 오직 하나님의 주권적인 행동이며 선하시고 기쁘신 뜻이라는 것이다.

장애인은 하나님의 구원계획 속에 포함될 수 있는가?

앞에서 언급한 바와 같이 하나님의 선택은 주권적이며 조건이 없으며 불가항력이다. 하나님의 선택이 사람의 의지와 공로와는 전혀 관계가 없는 하나님의 은혜로운 행위라면 당연히 중증장애인이라 할지라도 선택의 대상이 될 수 있다고 생각하는 것이 합당할 것이다. 그러나

---

44) 로마서 9장 11절, 사도행전 13장 48절, 디모데후서 1장 9절, 베드로전서 1장 2절
45) 시편 110편 3절, 빌립보서 2장 13절
46) 마태복음 20장 14절-15절, 로마서 9장 14절-15절

한편으로는 유기의 대상이 될 수 있다는 사실도 염두에 두어야 할 것이다.

'발달장애인이 언제 구원을 받는가? 혹은 어떻게 구원을 받는가?'라는 질문은 앞에서 언급했던 내용을 살펴보면 그 대답은 이미 제시되었다고 생각된다. 하나님의 예정 곧 선택과 유기는 창세 전에 이미 계획되었고 그 방법은 하나님의 은혜에 기인한다. 그러므로 구원을 얻는 능력에서 사람의 의지는 아무런 효과가 없으며 유기에 대한 거부 또한 사람의 의지가 작용하지 못한다. 하나님의 예정은 오직 하나님의 절대적 주권이며 은혜로운 행위이다.

■ 더 깊은 연구를 위한 질문

장애인은 어떻게 구원을 받는가?

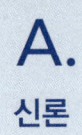

A.
신론

7장
하나님의 특별한 섭리
[기적을 나타내시며 다스리시는 하나님]

하나님의 섭리(providence)란 무엇인가?

먼저 고개를 갸우뚱할 수 있는 문제를 생각해보자. '우리가 있는 세상은 어떻게 생겨났는가? 자연 발생적으로 우연히 생겨났는가? 아니면 신에 의해서 창조되었는가? 그리고 누가 세상을 다스리는가?' 이러한 질문은 세상의 질서가 운명에 의한 것인가 아니면 하나님의 섭리를 인정하는가를 결정짓는 중요한 질문이다.[47]

하나님의 섭리란 창조주 하나님이 말씀으로 창조하신 세상을 계획하신 뜻대로 다스리시는데 그 목적대로 돌보시고 인도하시는 신적 활동을 의미한다. 정리하자면 하나님의 섭리에는 보존(preservation), 협력(concurrence), 통치(government)라는 세 가지 중요한 요소가 있는데 그 내용은 다음과 같다.

첫째, 보존이란 하나님이 창조하신 모든 피조물의 특성과 능력을 유지하시는 활동이다. 둘째, 협력이란 하나님이 계획하신 법칙에 따라 모든 피조물이 자유롭게 움직이는 활동이다. 셋째, 통치란 하나님이 자신의 목적을 성취하기 위해 만물을 다스리시는 지속적인 활동이다.

신적 활동인 하나님의 섭리는 일반 섭리(providence in general)와 특별 섭리(extraordinary providences)[48]로 구분된다. 일반 섭리

---

47) 섭리(providence) : 세상과 우주 만물을 창조하시고 다스리시는 하나님의 뜻을 의미한다.
48) 특별 섭리(extraordinary providences)를 기적(miracles)이라고도 한다.

는 우주 만물을 다스리시는 일반적인 활동을 의미하고 특별 섭리는 기도의 응답이나 혹은 위험이나 절망적 상황에서 특별하게 은혜를 베푸시고 구원하시는 활동을 의미한다.

하나님의 특별한 섭리 중 중요한 활동을 소개하자면 기적을 나타내는 것이다. 우리가 알듯이 기적이란 상식을 벗어난 기이하고 놀라운 일이다. 하나님은 특별한 섭리인 기적을 나타내심으로 자신의 백성을 도우시고 다스리신다. 이처럼 기적은 하나님이 어떤 원인에 대한 중재 없이 직접 행하신다는 측면에서 하나님의 백성을 다스리시는 방편이며 도우시는 수단이다. 아울러 기적은 하나님의 의를 나타내시는 수단이기도 하다.

왜냐하면, 기적이란 하나님의 직접적인 신적 활동으로서 어떤 원인의 중재 없이 행하시는 활동이기 때문이다. 기적이 독특한 이유는 하나님의 초자연적인 능력을 드러내시는 신적 활동이기 때문이다. 성경에는 곳곳에 다양한 하나님의 기적 활동이 나타나 있다. 그런데 그 이유와 목적이 무엇일까?

이를 쉽게 설명하자면 세상에 죄가 유입되어 점점 훼손되어가는 창조 질서를 회복하고 보존하기 위한 수단과 목적으로서 하나님이 초자연적으로 개입하시는 것을 '기적'이라고 한다.

하나님의 특별한 기적을 나타내신 것 곧 특별 계시라고 일컫는 것은 하나님께서 말씀을 주신 것과 그리고 그 말씀을 이루기 위하여 예수 그리스도가 오신 것이다. 예수 그리스도와 복음을 통한 다양한 기적을 나타내시는 것은 결국 하나님의 창조 사역의 완성을 위한 것이며 창조 질서의 온전한 회복을 위한 것이다. 이것이 하나님의 특별한 섭리이다.

기적을 나타내시며 다스리시는 하나님

하나님의 신적 활동 곧 기적을 나타내시는 것 중에는 병든 사람의 몸을 고치시고 더 나아가서는 죽은 사람을 일으키시는 내용이 있다. 이러한 기적이 의미하는 것이 무엇일까?

앞에서 언급한 바와 같이 창조 질서를 보존하고 구속 사역을 완성하기 위한 것이다. 병든 몸은 죄가 세상에 들어옴으로써 창조 질서를 훼손한 결과이다. 따라서 치유와 회복이라는 기적을 나타내심으로써 하나님이 세상을 다스리시고 창조 질서를 회복하고 보존하시는 신적 활동을 나타내신다. 장애의 몸도 마찬가지이다.

기적은 장애를 치유하시고 회복하심으로써 영적 장애를 깨닫게 하는 거룩한 도구로 사용하시며 하나님의 임재와 하나님 나라의 도래를 나타내시며 창조 질서를 회복하시는 신적 활동이다. 이처럼 기적이 하나님의 특별한 섭리를 나타내는 방편이요 통치의 수단이라면 장애는 창조 질서를 회복하기 위한 하나님의 거룩한 도구로 사용된다. 더 나아가서는 하나님의 성품과 능력과 뜻을 깨닫게 하는 방편이 되며 참 자유와 참 평안과 참 행복이 누구로 말미암는지 또한 깨닫게 해 준다.

하나님은 언제나 약한 사람을 사랑하시며 그들에게 기적을 나타내심으로써 창조 질서를 회복하신다. 특별히 예수 그리스도는 장애인의 치유 사역을 '하나님의 하시는 일'이며 또한 '자신을 이 땅에 보내신 일'이며 더 나아가서는 하나님의 백성 곧 '우리가 해야 할 일'이라고 말씀하셨다.[49]

하나님의 특별한 섭리는 장애인들에게도 적용될 뿐만 아니라 특별히 장애인을 통해서 뚜렷하게 나타난다. 따라서 사도 바울은 장애인은

---

49) 요한복음 9장 1절-5절 : "예수께서 길을 가실 때에 날 때부터 맹인 된 사람을 보신지라 제자들이 물어 이르되 랍비여 이 사람이 맹인으로 난 것이 누구의 죄로 인함이니이까 자기니이까 그의 부모니이까 예수께서 대답하시되 이 사람이나 그 부모의 죄로 인한 것이 아니라 그에게서 하나님이 하시는 일을 나타내고자 하심이라 때가 아직 낮이매 나를 보내신 이의 일을 우리가 하여야 하리라 밤이 오리니 그 때는 아무도 일할 수 없느니라 내가 세상에 있는 동안에는 세상의 빛이로라."

하나님이 특별히 사용하시는 거룩하신 도구라고 말씀하셨다.[50]

■ 더 깊은 연구를 위한 질문

예수님이 장애인의 치유를 통하여 '하나님의 하시는 일'을 나타내고자 함이라 말씀하셨는데, 그 일이란 무엇인지 생각해보자.

---

50) 고린도전서 1장 27절-29절 : "그러나 하나님께서 세상의 미련한 것들을 택하사 지혜 있는 자들을 부끄럽게 하려 하시고 세상의 약한 것들을 택하사 강한 것들을 부끄럽게 하려 하시며 하나님께서 세상의 천한 것들과 멸시 받는 것들과 없는 것들을 택하사 있는 것들을 폐하려 하시나니 이는 아무 육체도 하나님 앞에서 자랑하지 못하게 하려 하심이라."

장애 신학
Disability Theology

조직신학으로 이해하는 발달장애인 사역

B. 인간론

1장. 인간의 기원 (인간을 창조하신 하나님)

2장. 인간의 창조 (하나님의 형상을 따라 장애인을 만드신 하나님)

3장. 인간과 약속 (행위 언약의 당사자인 장애인과 하나님)

4장. 인간의 타락 (사탄의 유혹의 대상이 되는 장애인)

5장. 죄의 본질적 특성 (죄의 영향력 아래에 있는 장애인)

6장. 죄의 형벌 (정의로 다스리시는 하나님)

7장. 은혜 언약 (은혜로운 언약의 대상인 장애인)

B. 인간론

1장
인간의 기원
[인간을 창조하신 하나님]

인간은 어떻게 생겨났는가?

성경은 인간의 기원에 대하여 이중적으로 밝힌다. 첫 번째는 창세기 1장 26절-27절이다. "하나님이 이르시되 우리의 형상을 따라 우리의 모양대로 우리가 사람을 만들고 그들로 바다의 물고기와 하늘의 새와 가축과 온 땅과 땅에 기는 모든 것을 다스리게 하자 하시고 하나님이 자기 형상 곧 하나님의 형상대로 사람을 창조하시되 남자와 여자를 창조하시고."

두 번째는 창세기 2장 7절과 21절-23절이다. "여호와 하나님이 땅의 흙으로 사람을 지으시고 생기를 그 코에 불어넣으시니 사람이 생령[51]이 되니라." "여호와 하나님이 아담을 깊이 잠들게 하시니 잠들매 그가 그 갈빗대 하나를 취하고 살로 대신 채우시고 여호와 하나님이 아담에게서 취하신 그 갈빗대로 여자를 만드시고 그를 아담에게로 이끌어 오시니."

창세기 1장 26절-27절에서는 인간이 하나님의 형상대로 창조되었다는 특징을 나타내고 있다. 이것은 인간 창조의 독특한 특성을 보여주는데 그것은 여느 동물처럼 고유한 특성을 따라 창조된 것이 아니라는 것이다. 그리고 창세기 2장 7절과 21절-23절에서는 인간을 흙으로 만드시고 생기를 불어넣어 생령이 되게 하셨다는 것이다. 이것은 인간

---

51) 생령 : 살아있는 영혼. a living soul

이 이중적 본성인 몸과 영혼으로 되어 있음을 나타내 주고 있다.

한편, 진화론의 주장으로는 인간은 오래전 단세포 생명체에서 다 세포체로 진화를 거듭하면서 각종 식물과 동물, 어류, 파충류, 조류, 포유류, 그리고 유인원류의 한 종이 등장하면서 현재의 인간이 되었다고 한다.[52] 다시 말하자면 진화론의 주장은 인간은 생성 첫 단계에서는 가장 낮은 단계에 있다가 야수성을 약간 벗어버린 상태를 거쳐 마침내는 가장 높은 단계에 오르게 되었다는 것이다. 이것이 찰스 다윈이 주장했던 논리다.

성경은 온 인류가 한 쌍의 부부 곧 아담과 하와에게서 유래했다고 가르친다. 하나님은 아담과 하와를 인류의 시조로 만들었으며 그들에게 생육하고 번성하여 땅에 충만하라고 명령하셨다.[53]

온 인류는 통일성을 갖고 있다. 역사적으로 볼 때 하나의 단일 중심으로부터 흩어져 나왔다. 언어학적으로 볼 때도 인류는 원시언어로부터 시작되었음을 알 수 있다. 심리학적으로 볼 때도 모든 사람의 영혼은 어느 부족, 어느 국가에 속해있든지 같다는 것이다. 그리고 비교 생리학자들의 공통된 판단은 인류가 오직 하나의 단일한 종으로 구성되어 있다고 말한다.[54]

그렇다면 인간의 본질은 어떻게 구성되어 있는가?

성경은 몸과 영혼으로 구성되어 있다고 이분설을 말씀하신다. 한편으로는 몸과 혼과 영으로 구성되어 있다고 삼분설을 말하기도 한다. 그러나 삼분설의 인간관은 희랍철학에서 유래한 것으로 알려졌다. 앞에서 언급한 바와 같이 성경에 나타난 지배적인 인간 본성에 대한 언급은 명백하게 이분법적이다. 그러나 인간의 본성을 하나의 통일체,

---

52) 호모 사피엔스(Homo sapiens)의 등장
53) 창세기 1장 28절 : "하나님이 그들에게 복을 주시며 하나님이 그들에게 이르시되 생육하고 번성하여 땅에 충만하라, 땅을 정복하라, 바다의 물고기와 하늘의 새와 땅에 움직이는 모든 생물을 다스리라 하시니라."
54) 인도-게르만어 족에 속한 언어들은 하나님의 공통된 원시 언어에까지 추적해 갈 수 있는데 이 원시언어의 잔재가 산스크리트어에 여전히 남아있다. 더욱이 고 애굽어가 인도-유럽어족과 셈어의 교량 역할을 했음을 보여 주는 증거가 있다. (참조 : 벌코프, 조직신학 상, 크리스챤다이제스트, p.399)

곧 단일 유기체로 볼 것을 가르친다. 조금 더 설명하자면 모든 인간의 행위는 전인적인 행위라는 것이다. 영혼이 죄를 짓는 것이 아니라 인간이 죄를 짓는 것이며, 몸이 죽는 것이 아니라 인간이 죽는 것이다. 그리고 영혼만이 아니라 몸과 영혼이 아울러 그리스도 안에서 구원을 받는 것이다.[55]

장애인을 창조하신 하나님

이제 장애인에 대하여 잠시 생각해 보자. 반복되는 질문이지만 장애인은 누가 만드셨는가? 출애굽기 4장 11절에는 하나님이 만드셨다고 직접 말씀하고 있다.[56] 토기장이이신 하나님이 장애인을 특별한 의도를 갖고 상품이 아닌 작품으로 만드셨다는 것이다.[57] 장애인에게 영혼이 없거나 다른 영혼을 소유하게 하신 것이 아니라 모든 사람이 가지고 있는 같은 종류의 영혼을 소유하게 하셨다는 것이다. 따라서 장애인이 다른 인간이나 이류 인간이 아닌 하나님의 형상을 따라 지어진 특별하고 귀한 존재로 창조되었다는 것이다.

그렇다면 몸에 대하여도 잠시 생각해 보자. 모든 사람이 각기 다른 몸을 가지고 있다. 얼굴 모양이 다르고 생각하고 행동하는 것이 각기 다르다. 이것은 인간이 기계에서 찍어내는 상품이 아니라 손으로 직접 빚어낸 작품인 것을 반증해 준다. 따라서 하나님은 자신을 토기장이로 비유하시면서 진흙 한 덩어리로 하나는 귀히 쓸 그릇을, 그리고 하나는 천히 쓸 그릇을 만드신다고 말씀하신 것이다. 쉽게 풀이하자면 사용하는 데 조심스러운 아름다운 찻잔도 만드시지만 사용하기에 편

---

55) 창세기 2장 7절 참고
56) 출애굽기 4장 11절 : "여호와께서 그에게 이르시되 누가 사람의 입을 지었느냐 누가 말 못 하는 자나 못 듣는 자나 눈 밝은 자나 맹인이 되게 하였느냐 나 여호와가 아니냐."
57) 로마서 9장 20절-21절 : "이 사람아 네가 누구이기에 감히 하나님께 반문하느냐 지음을 받은 물건이 지은 자에게 어찌 나를 이같이 만들었느냐 말하겠느냐 토기장이가 진흙 한 덩이로 하나는 귀히 쓸 그릇을, 하나는 천히 쓸 그릇을 만들 권한이 없느냐."

리한 투박한 머그잔도 만드신다는 것이다. 비록 장애인이 얼굴 모양과 생각하고 행동하는 모습이 다를지는 몰라도 그 영혼의 가치와 무게와 본질이 모든 사람과 다르지 않다. 오히려 하나님은 장애라는 연약한 모습 속에 신비를 감추어 놓으시고 그것을 거룩한 도구로 사용하신다.[58]

하나님은 사랑을 베푸는 분과 사랑을 받는 분 곧 양자의[59] 무력함이 만나는 그곳이 능력의 자리며 축복의 자리로, 그리고 성령님을 만나는 자리로 만들어 놓으셨다. 따라서 장애인을 은혜의 통로로 사용하시는 것을 보여 주신다.

■ 더 깊은 연구를 위한 질문
양자의 무력함이 만나는 자리란 어떤 의미인가?

---

58) 김해용, 『연약함의 신비』, p.62
59) 양자 : 긍휼을 베푸는 분과 사랑을 받는 분

B. 인간론

2장

인간의 창조
[하나님의 형상을 따라 장애인을 만드신 하나님]

하나님의 형상을 닮은 인간이란 어떤 뜻인가?

성경은 사람이 '하나님의 형상'으로 창조되었기 때문에 하나님을 구체적으로 닮았음을 말씀한다. 신학자들에 따라서는 "하나님의 형상"을 서로 다르게 해석하기도 하는데, 일반적으로 "형상"(image)은 신체적 특징이나 인간다운 특성에서 찾지만 "모양"(likeness)은 영적인 특성 혹은 거룩함에서 찾는다. 그러나 성경에서는 "형상"과 "모양"이 다름 아닌 하나님의 형상을 나타내기 때문에 두 단어는 같은 의미로 나타내고 있다.

그렇다면 일반적으로 표현할 때 하나님의 형상이란 어떤 구성요소를 가지고 있는가?[60] 첫째, 인간의 영혼 안에 드러난 단순성, 영성, 불가견성, 통일성, 불멸성과 같은 자질들이다. 둘째, 이성적이고 도덕적인 본성, 즉 지적 능력, 자연적 정서, 도덕적 자유이다. 셋째, 참된 지식과 의와 거룩을 통하여 나타나는 인간 본성의 지적이고 도덕적인 순전성이다. 넷째, 몸을 완전한 영혼의 도구가 되도록 하는 영성이다. 다섯째, 하나님께로부터 끝없는 실존을 부여받은 인간의 불멸성이다. 여섯째, 하급 피조물을 통치하는 지배권이다.

본래 인간은 몸과 영혼이 불멸의 존재로 창조되었다. 죄를 짓지 않으면 절대 죽지 않을 영생의 존재로 창조되었다. 다시 말해서 완전한

---

60) 루이스 벌코프, 『벌코프 조직신학』, p.417

상태, 곧 의와 거룩의 상태로 창조되었는데, 죄를 지음으로써 인간 본성의 타락과 손상으로 도덕적으로 완전성을 잃어버렸으며 죽음을 당하게 되었다는 것이다. 정리하자면 하나님의 형상은 죄로 말미암아 손상되었고 결국 인간 본성이 파괴되었다는 것이다.

하나님의 형상을 따라 장애인을 만드신 하나님

앞 장에서 언급한 바와 같이 장애인도 여느 다른 피조물처럼 각각의 고유한 특성을 따라 창조된 것이 아니라 거룩하신 하나님의 형상대로 창조되었다. 그러나 죄의 결과로 나타난 하나님 형상의 손상과 도덕적 훼손은 비장애인과 똑같이 나타난다. 물론 장애의 특성과 정도에 따라 하나님 형상의 구성요소에서 어떤 것은 약하게 어떤 것은 더욱 강하게 나타나기도 한다. 예를 들면, 인간 영혼의 자질들 즉, 단순성, 영성, 불가시성, 불멸성과 같은 자질들은 여느 사람들과 같다. 그러나 이성적이고 도덕적인 인간의 인지적인 힘, 곧 지성과 의지와 도덕적인 순전성은 약해 보일 수도 있지만 강할 수도 있다는 것이다. 이것은 개인과 장애의 특성과 정도에 영향을 줄 뿐만 아니라 다양한 환경과 여건에 따라서 각기 다르게 나타날 수 있다.

장애 속에 숨겨진 영적 가치도 마찬가지이다. 깨어진 질그릇과 같은 장애인의 모습 속에서 보이는 고난의 어두운 면이라는 부정적인 생각 때문에 심리적인 거부감을 가질 수도 있을 것이다. 이러한 영적 가치는 오직 하나님의 형상을 회복한 사람들의 눈 곧 믿음의 눈으로 발견될 수 있는 가치이다. 따라서 예수 그리스도는 "내가 심판하러 이 세상에 왔으니 보지 못하는 자들은 보게 하고 보는 자들은 맹인이 되게 하려 함이라."고 말씀하셨다.[61]

하나님은 고난을 통하여 우리와 관계를 맺으시고 우리의 하나님이

---

61) 요한복음 9장 39절

되신다. 따라서 고난은 깊은 의미를 내포하고 있음을 우리는 잘 알고 있다. 장애라는 고난도 마찬가지이다. 장애를 어떤 눈으로 바라보는가에 따라 절망감을 가질 수도 있고 소망을 가질 수도 있다. 인간은 죄로 말미암아 하나님의 형상을 손상하게 되었지만, 육신의 장애를 통하여 영적 장애를 치유하며 회복할 수 있다. 이런 의미에서 육신의 장애는 영적 장애를 고발하며 회복하게 하는 은혜의 도구로 사용될 수 있다. 우리의 자아는 다른 사람과 관계를 맺으면서 성장한다. 다시 말해서 누군가의 영향에 의해서 인격이 변화되고 내면화된다는 말이다. 인격이 훌륭한 사람을 만나서 교제하면 훌륭한 인격을 배울 수 있고 성숙한 내면을 가질 수 있다는 이치이다. 장애는 "연약함 속의 능력"(strength in weakness)을 드러낸다. 다시 말하자면 하나님의 은혜가 연약한 사람으로 하여금 강한 자를 부끄럽게 하는 능력의 도구로 사용되게 하신다는 뜻이다.[62]

그러므로 예수 그리스도의 십자가 아래에 있는 사람은 결코 연약한 존재가 아님을 깨닫게 된다. 하나님에 의해 창조된 사람은 비록 그 형상이 손상되어 불완전한 존재로 살아가지만, 하나님의 은혜가 임한다면 탁월한 능력을 발휘하며 큰 영향을 끼치는 존재로 살아갈 수 있다.

■ 더 깊은 연구를 위한 질문

"연약함 속의 능력"(strength in weakness)이란 구체적으로 무엇을 의미하는가?

---

62) 고린도전서 1장 27절-29절

B.
인간론

3장

인간과 약속
[행위 언약의 당사자인 장애인과 하나님]

하나님께서 인간과 맺은 약속은 어떤 의미인가?

피조물인 인간이 창조주인 하나님과 약속을 할 수 있을 정도로 하나님과 동등하고 합당한 위치에 있는 존재인가? 아니면 피조물인 인간은 창조주 하나님께 무조건 순종해야 하는 존재인가? 사실 피조물인 인간을 창조주 하나님과 약속을 맺을 수 있는 하나님과 동등한 존재로 생각한다는 것은 불가능하다. 피조물인 인간은 창조주 하나님께 오직 순종할 의무를 지는 것이 당연하다. 그런데 창조주 하나님은 피조물인 아담을 약속의 대상자로 세우시고 은혜로운 조건을 설명해 주시고, 약속하신다. 이것이 가능한 일인지 반문할 수 있겠지만 그럴 수 있는 이유는 하나님이 아담을 창조하실 때 하나님의 형상과 모양을 따라 지식과 인격을 바탕으로 자유의지를 갖춘 존재로 만드셨기 때문이다.

하나님은 아담에게 선악을 알게 하는 나무의 열매를 따 먹으면 반드시 죽기 때문에 그 열매를 먹지 말라고 말씀하셨는데,[63] 이는 사람이 자유의지를 갖추고 하나님의 말씀에 순종할 것인지 또는 불순종할 것인지에 대해 선택할 수 있는 인격적인 존재임을 나타냄과 동시에 절대 주권자이신 하나님이 아담과 맺으신 행위 언약이다.[64]

---

63) 창세기 2장 17절 : "선악을 알게 하는 나무의 열매는 먹지 말라 네가 먹는 날에는 반드시 죽으리라 하시니라."
64) 최초의 인간인 아담이 하나님께 불순종함으로서 하나님과의 언약을 깨뜨리고 죄의 노예가 되자 그 죄는 영원한 부패를 동반하게 되었으며 아담의 후손들에게 영향을 미치게 되어 결국 모든 인간은 죄에 대한 책임으로 죽음에 이르는 존재가 되었다.

구약성경에는 '언약을 맺는다'는 의미를 문자적으로는 '언약을 자른다.'(히/ 카르트 베리트)로 표현한다.[65] "언약을 맺다"에서 "맺다"라는 단어가 "자르다"라는 뜻을 가지는 것은 하나님이 아브람과 약속할 때 쪼갠 고기를 두고 언약을 맺으셨기 때문이다.[66] 이것은 언약이 삶과 죽음을 염두에 둔 약속을 의미하기 때문에 '피로 맺은 약정'(bond-in-blood)이라고[67] 표현하기도 한다. 따라서 언약을 깨뜨리면 즉, 죄를 지은 사람은 반드시 죽는다는 명제와 함께 희생제물로 제사를 마련해 주신 하나님의 계획이 은혜로운 것임을 또한 깨닫게 해 준다. 특히 예수 그리스도의 죽음이 언약적인 죽음이며 언약 파괴자들을 대신하여 죽은 것임을 깨닫게 해 준다.[68]

하나님이 아담과 맺은 언약은 언제까지 유효한가? 그리고 성경에는 아담과의 언약뿐만 아니라 노아, 아브라함, 모세, 다윗과 맺은 언약, 마지막에는 예수 그리스도를 통한 새 언약까지 다양하게 언급되고 있는데 이러한 언약들은 서로 어떻게 연결되는가? 한마디로 말하자면 모든 언약의 성격은 다르나 그 본질에는 은혜로운 언약이라는 통일성을 갖고 있으며 궁극적으로는 예수 그리스도로 말미암는 새 언약으로 나타난다.[69] 따라서 하나님이 모든 사람을 위하여 예수 그리스도를 내어 주시고 누구든지 예수 그리스도를 믿는 자마다 구원을 얻게 하신 새 언약은 은혜로운 언약이며 최종적인 완성의 언약임을 알 수 있다. 그

---

65) 창세기 15장 18절 : "그 날에 여호와께서 아브람과 더불어 언약을 세워 (כרת ברית) 이르시되 내가 이 땅을 애굽 강에서부터 그 큰 강 유브라데까지 네 자손에게 주노니" 이외에도 창세기 21장 27절과 32절, 출애굽기 23장 32절에 나타나 있음.
66) 창세기 15장 17절 : "해가 져서 어두울 때에 연기 나는 화로가 보이며 타는 횃불이 쪼갠 고기 사이로 지나더라."
67) 팔머 로벗슨, 계약신학과 그리스도, 김의원 역, 기독교문서선교회, 1983, p.16
68) 로마서 5장 6절 : "우리가 아직 연약할 때에 기약대로 그리스도께서 경건하지 않은 자를 위하여 죽으셨도다."
69) 고린도전서 11장 23절-25절 : "내가 너희에게 전한 것은 주께 받은 것이니 곧 주 예수께서 잡히시던 밤에 떡을 가지사 축사하시고 떼어 이르시되 이것은 너희를 위하는 내 몸이니 이것을 행하여 나를 기념하라 하시고 식후에 또한 그와 같이 잔을 가지시고 이르시되 이 잔은 내 피로 세운 새 언약이니 이것을 행하여 마실 때마다 나를 기념하라 하셨으니."

러므로 시작의 언약인 아담과의 행위 언약으로부터 마지막 완성의 언약이며 은혜로운 언약인 예수 그리스도와의 새 언약은 모든 사람이 그 대상이 된다는 것을 깨닫게 해 준다. 그러나 구원의 은혜가 임하는 은혜 언약의 대상은 믿음으로 반응하는 그리스도에게 속한 사람이다.[70]

새 언약의 당사자인 장애인과 하나님

그렇다면 발달장애인은 새 언약의 당사자가 될 수 있는가? 다시 말하자면 은혜 언약에 참여할 수 있는가? 당연하다고 말할 수 있다. 그 이유는 다음과 같다.

첫째, 은혜 언약은 하나님이 주권적으로 시행하시는 언약이기 때문이다. 예를 들면, 하나님이 아브라함과 언약을 맺으실 때, 아브라함을 언약의 당사자로 부르시지만, 일방적으로 언약을 체결하신 것을 볼 수 있다.[71] 따라서 아브라함은 은혜 언약의 상징적 존재로 소개되고 있다.

둘째, 새 언약의 주권자이신 예수 그리스도가 '누구든지 주의 이름을 부르는 자는 구원을 얻으리라'고 말씀하셨기 때문이다.[72] 장애인도 아담의 후손으로서 죄로 말미암아 타락한 본성을 가진 존재이기에 구원을 받기 위해서는 화목제물이신 예수 그리스도가 필요하다. 이러한 이유로 주님께서는 장애인들 또한 구원을 값없이 베푸시는 하나님의 은혜 언약 안으로 초청하라고 명하셨다.[73]

셋째, 새 언약, 곧 은혜 언약은 예수 그리스도를 믿음으로 고백하는 자에게 항상 열려있으며 차별이 없기 때문이다.[74] 그러므로 모든 장애인도 예수 그리스도로 말미암는 새 언약 곧 은혜 언약의 대상자가 되

---

70) 갈라디아서 3장 29절 : "너희가 그리스도의 것이면 곧 아브라함의 자손이요 약속대로 유업을 이을 자니라."
71) 주권적인 계약 : 창세기 15장 참조
72) 사도행전 2장 21절
73) 누가복음 14장 13절 : "잔치를 베풀거든 차라리 가난한 자들과 몸 불편한 자들과 저는 자들과 맹인들을 청하라."
74) 로마서 3장 22절

며 믿음으로 참여할 수 있다. 예수 그리스도로 말미암는 새 언약은 구약시대 때 보다 더욱 확장되어서 보편적이고 차별이 없는 은혜로운 성격으로 나타나고 있다.

■ 더 깊은 연구를 위한 질문
인지가 부족하거나 언어 표현이 안 되는 장애인이 어떻게 은혜 언약 안으로 들어올 수 있는가?

B.
인간론

4장

인간의 타락

[사탄의 유혹의 대상이 되는 장애인]

인간은 어떻게 타락했는가?

우리가 이미 아는 바 인간은 사탄의 유혹에 의하여 죄를 짓게 되었고 타락하게 되었다. 사탄이란 타락한 천사이며 하나님을 적대하는 자로서 아볼루온(파괴자)이라고도 일컫는다. 사탄은 또한 죄의 창시자로서[75] 타락한 무리의 우두머리로 나타난다.[76] 이들은 열심히 하나님을 끊임없이 비난하고 하나님과 그의 종들을 대적해서 싸우며 거룩한 사역을 파괴하고 있다. 따라서 예수님은 사탄을 두고 말씀하시기를 태초부터 살인자라고 규정하셨다.[77] 타락한 천사들은 영적인 존재로서 이성적이나 비도덕적이며 불멸하는 존재들이다. 그리고 초인적인 능력을 갖추고 세상의 주인 노릇을 하며, 모든 사람을 지배하려 한다. 그뿐만 아니라 사람으로 하여금 죄를 짓도록 유혹한다. 사람의 생각과 의지, 그리고 몸과 행동을 지배하며 고통스럽게 할 뿐만 아니라 하나님과 멀어지게 하여 궁극적으로 파멸로 이끈다.

사탄의 유혹 대상이 되는 장애인

사탄이 시험하고 유혹하며 공격하는 대상에는 인지적 발달장애인도

---

[75] 창세기 3장 1절, 요한복음 8장 44절, 계시록 12장 9절, 20장 2절, 10절
[76] 마태복음 25장 41절, 9장 34절, 에베소서 2장 2절
[77] 요한복음 8장 44절

예외는 아니다.[78] 왜냐하면 그들도 타락한 본성을 가졌기 때문이며 죄를 짓기 때문이다. 발달장애인은 단순히 장애의 결과로 나타나는 현상과 사탄이 시험하는 소위 귀신으로 말미암은 결과로 나타나는 현상을 서로 구별하거나 진단하는 것은 결코 쉬운 일이 아니다. 왜냐하면 귀신들림의 현상이 일반적으로 정서적 문제와 함께 육체의 다양한 문제를 발생시키기 때문이다.[79] 그러나 귀신들림으로 판별하기 위한 가장 커다란 구분점은 다면적 성격장애와 관련이 있다.[80] 그리고 귀신 들림의 주된 원인이 대체로 마음의 분노나 상처로 말미암아 내면의 질서가 파괴되었거나 심각한 외로움이었다는 사실을 경험을 통해 깨닫게 되었다. 다시 말하자면 외로워서 자신의 영혼을 파는(sell out) 과정을 통해 귀신들림이 나타난다는 것이다.[81]

사탄은 현실로 존재하는 비현실의 영적 존재이다.[82] 물질이 아니라 만질 수도 없는 하나의 인격을 가진 실존이다. 그러므로 귀신을 경계해야 할 뿐만 아니라 하나님 말씀에 의지해서 믿음으로 물리쳐야 한다.[83]

앞에서 언급한 바와 같이 발달장애인도 사탄이 시험하고 유혹하며 공격하는 대상이 된다. 다시 언급하자면 그들도 타락한 본성과 영혼을 가진 존재일 뿐만 아니라 그를 통하여 가족이나 다른 사람들을 시험하거나 공격할 수 있기 때문이다. 그리고 발달장애인이 믿음의 활동이 없거나 제한될 때 오히려 사탄의 유혹과 시험의 일차적인 대상이 된다. 그러므로 발달장애인들이 스스로 믿음 활동을 할 수 있게 권면해야 하며, 동시에 그들을 위한 전인적 돌봄을 위하여 중보 기도로 지원해야 하며 믿음의 환경과 여건을 만들어 주는 것이 바람직하다.

---

78) 마태복음 12장 22절, 누가복음 11장 14절
79) 마태복음 8장 28절-34절
80) M. 스코트 팩, 『거짓의 사람들』, 윤종석 역, (도서출판 두란노, 2000), p.288
81) M. 스코트 팩, 『거짓의 사람들』, 윤종석 역, (도서출판 두란노, 2000), p.284
82) M. 스코트 팩, 『거짓의 사람들』, 윤종석 역, (도서출판 두란노, 2000), p.311
83) 마태복음 4장에 나타난 예수님의 모범

장애인 선교사역을 하는 지도자는 발달장애인들이 사탄의 유혹과 시험과 공격의 대상이 된다는 사실을 외면하면 안 된다. 더군다나 귀신들림 현상을 과학의 권위 아래 도덕적 판단을 하도록 내버려 두어서도 안 된다. 영적 게으름에 빠져 영적인 분별력을 갖지 못한 사람은 누구나 사탄의 유혹과 시험과 공격을 당할 수 있다. 그러므로 "근신하라 깨어라 너희 대적 마귀가 우는 사자 같이 두루 다니며 삼킬 자를 찾나니"라고[84] 말씀하시는 베드로 사도의 권면을 마음에 새겨야 한다.

■ 더 깊은 연구를 위한 질문

사탄의 유혹과 공격을 받은 장애인은 어떤 증상을 나타내는가?

---

84) 베드로전서 5장 8절

B. 인간론

5장

죄의 본질적 특성

[죄의 영향력 아래에 있는 장애인]

죄의 본질과 그 특성은 무엇인가?

'죄란 무엇이며 왜 생겨났을까? 인간이 왜 죄를 짓지 않고 살 수 없을까? 그 결과는 무엇일까?' 이런 궁금한 질문은 그리스도인이 되면 자연스럽게 갖게 된다. 그렇다면 이제 이러한 질문들과 함께 답을 살펴보면서 궁금증을 해결해 보자. 먼저, 죄란 무엇일까? 이것은 어떤 관점에서 생각하는가에 따라 그 개념이 다를 수 있다. 그러므로 여기서는 성경적 개념의 죄를 살펴보자.

성경에서의 죄란, 생각과 행위, 그리고 성향과 상태에서 하나님의 말씀을 떠난 것이라 규정한다. 다시 말해 하나님 말씀에 불순종하는 것과 자기 생각이 옳다고 주장하는 것이 곧 죄인 것이다.[85] 성경에 나타난 죄의 개념을 살펴보면 대체로 윤리적 성격을 띠는 것을 알 수 있다. 따라서 하나님이 말씀하신 것을 벗어나는 생각과 행동이 곧 죄인 것이다.

그렇다면 악이란 무엇인가?

악이란 선과 악의 비교에서 알 수 있듯이 선에 반대되는 말이다. 예수님은 하나님이 선하신 분이라고 소개하고 있다. 따라서 악이란 하나님을 떠난 것이라 할 수 있다. 하나님의 말씀이 아닌 자기 소견대로 생

---

85) 야고보서 2장 9절, 요한일서 3장 4절

각하고 행동하는 것 자체가 악이다.[86] 따라서 죄와 악을 간단히 설명하자면 죄는 악이 구체적으로 나타나는 형식이며,[87] 악은 선의 결핍이 아니라 하나님을 떠난 자기중심적인 생각과 행동이다. 따라서 예수님은 다음과 같이 말씀하셨다. "나와 함께 아니하는 자는 나를 반대하는 자요 나와 함께 모으지 아니하는 자는 헤치는 자니라."[88]

벌코프는 죄의 개념을 여섯 가지로 언급하는데, 요약하자면 다음과 같다.

첫째, 죄는 악의 구체적인 성질이다. 반면에 "악"은 물리적인 영역과 윤리적인 영역이 있는데 윤리적인 영역에서만 죄에 대하여 언급할 수 있다. 천재지변이나 질병과 같은 물리적인 영역에서의 악을 죄라고 말하지는 않는다. 그래서 모든 악이 죄라고 말할 수는 없다.

둘째, 죄는 절대성을 갖는다. 이 말의 의미는 선과 악의 대비는 절대적이며 중립지대는 없다는 것이다. 예를 들자면 선이 축소되면 악이 되는 것이 아니라 근본적으로 죄를 지음으로써 악하게 된다는 것이다. 따라서 성경은 언제나 옳은 것과 그릇된 것 중 어느 편에 설 것인지 양자택일을 해야 한다고 가르친다.[89]

셋째, 죄는 하나님의 뜻과 관계되어 있다. 철학자들 중에는 죄를 무지 혹은 결핍으로 보는 경우가 있으나 성경은 하나님의 말씀에 대한 불일치 혹은 불순종을 죄라고 가르친다.[90]

넷째, 죄는 죄책과 부패(오염)을 내포하고 있다. 죄책(guilt)이란 하

---

86) 예레미야 2장 13절에 표현된 악은 이렇다. "내 백성이 두 가지 악을 행하였나니 곧 그들이 생수의 근원 되는 나를 버린 것과 스스로 웅덩이를 판 것인데 그것은 그 물을 가두지 못할 터진 웅덩이들이니라." 악이란 우주의 창조주께서 우리를 너무 사랑하셔서 이 아들을 보내시어 우리를 대신하여 죽게 하시고 이 생수의 근원으로 무한한 만족을 누리라 하셨는데 그 생수를 마시고는 "만족되지 않는데요!"라며 계속해서 이 세상에 웅덩이를 파는 것이다. "내가 찾고 말거야 거기서가 아니라 여기서 내가 찾을 거야." 이것이 바로 악이다.
87) 루이스 벌코프, 『벌코프 조직신학』, p.447
88) 마태복음 12장 30절
89) 마태복음 10장 32절-33절, 누가복음 11장 23절, 야고보서 2장 10절
90) 로마서 4장 15절, 요한일서 3장 4절

나님 말씀을 어긴 행동에 대하여 처벌을 받게 되는 상태를 말한다. 그리고 부패(pollution)는 모든 사람이 태어나면서 죄성을 갖고 있기 때문에 완악해지고 무지해지는 것을 의미한다. 따라서 예레미아는 "만물보다 거짓되고 심히 부패한 것은 마음이라"고 말했다.[91]

다섯째, 죄의 자리는 마음이다. 이 말은 신앙이 그러하듯이 죄도 인간의 마음에 자리 잡는다는 뜻이다. 여기서 마음이란 지, 정, 의와 육체를 포함한 전인격을 의미한다. 죄는 결코 인간 내부의 어느 일부분에만 자리 잡고 영향을 미치는 것이 아니라 전인격에 자리 잡고 영향을 미친다.

여섯째, 죄는 외형적 행위로만 되어 있지 않다. 죄는 단지 외부로 나타나는 행동에만 존재할 뿐 아니라 죄악된 성향이나 영혼의 상태에도 존재한다. 다시 말하자면 악한 생각과 성향도 죄로 간주 된다는 것이다. 따라서 예수님은 "나는 너희에게 이르노니 음욕을 품고 여자를 보는 자마다 마음에 이미 간음하였느니라." "나는 너희에게 이르노니 형제에게 노하는 자마다 심판을 받게 되고 형제를 대하여 라가라 하는 자는 공회에 잡혀가게 되고 미련한 놈이라 하는 자는 지옥 불에 들어가게 되리라."고 말씀하셨다.[92] 죄를 한마디로 정리하자면 '하나님을 떠나고 또한 하나님 말씀에 불순종하는 것'이 바로 죄라는 것이다.

죄는 왜 생겨났는가? 창세기 3장을 살펴보면 인간을 타락하게 한 뱀의 이야기가 나온다. 이것을 생각해 보면 죄는 인간 세계에 들어오기 전부터 천사들에게 존재한 것을 알 수 있다. 다시 말하자면 죄는 천사의 타락에서 비롯되었다고 생각할 수 있다.[93] 천사의 타락은 교만에서 비롯되었음을 성경은 증명해 준다.[94] 그리고 죄는 언제부터 세상에 들

---

91) 예레미아 17장 9절
92) 마태복음 5장 28절, 5장 22절
93) 유다서 1장 6절 : "또 자기 지위를 지키지 아니하고 자기 처소를 떠난 천사들을 큰 날의 심판까지 영원한 결박으로 흑암에 가두셨으며."
94) 디모데전서 3장 6절

어왔는지 그리고 인간이 왜 죄를 짓지 않고 살 수 없었는지 생각해 보자. 성경은 인간의 마음에 죄가 최초로 들어온 상황을 자세하게 설명해 주고 있다.[95] 그것은 첫 사람 아담의 마음에 불신을 심었던 뱀(마귀)의 유혹으로 말미암아 시작되었다.[96] 하나님의 선하신 뜻을 의심하며 불신했기 때문이었다. 무엇보다도 하와의 유혹으로 말미암은 탐심의 마음을 가졌기 때문이었다.

이쯤 해서 우리는 '인간이 죄를 짓지 않고 살 수 있을까?'를 깊이 생각해 보아야 한다. 그러나 불행하게도 아담이 죄를 지음으로써 세상에 죄가 들어왔음을 성경은 밝히고 있다.[97] 성경 로마서 5:1에서 "모든 사람이 죄를 지었으므로"라는 말은 아담의 최초 범죄로 모든 후손이 죄의 영향을 받았음을 말해주고 있다. 이것을 다르게 표현하자면 앞에서 언급한 바와 같이 아담 때문에 세상에 있는 모든 후손이 죄의 책임과 오염(부패)상태에서 출생하게 되었다는 것이다. 이것을 원죄라고 말한다. 한편으로는 죄에 오염된 상태에서 살아가는 모든 사람들이 부패한 본성을 갖고 살면서 자기 생각에 옳은 대로 행동하게 된다. 따라서 알고도 죄를 짓기도 하고 모르면서 죄를 짓기도 한다. 왜냐하면 사탄이 세상의 것으로 우리를 유혹하며 시험에 빠뜨리기 때문이다.

죄의 영향력 아래에 있는 장애인

자기 의지가 거의 없는 순수한 발달장애인들은 죄와 상관이 없지 않을까? 그리고 그들은 적극 죄를 짓지 않기 때문에 죄의 영향에서 벗어나지 않을까?'라고 생각할 수 있다. 그러나 이런 생각은 성경을 바르게 이해하지 못한데서 비롯된 것임을 알아야 한다. 앞에서 언급한 바와 같이 성경은 모든 사람이 죄의 본성을 갖고 태어난다는 사실을 증

---

95) 창세기 3장
96) 요한계시록 12장 9절, 요한복음 8장 44절
97) 로마서 5장 12절, 19절

거해 주고 있다. 전도서 기자는 "선을 행하고 전혀 죄를 범하지 아니하는 의인은 세상에 없기 때문"이라고 말하고 있으며,[98] 바울 사도는 "모든 사람이 죄를 범하였으매 하나님의 영광에 이르지 못하더니"라고 말했다.[99] 그러므로 아무리 순수하고 자기 의지가 약하여 직접 죄를 짓기 어려운 발달장애인이라 할지라도 죄의 영향을 받지 않았다고 볼 수 없다. 오히려 자기 의지와 믿음의 활동이 부족하기 때문에 사탄으로부터 시험과 유혹을 방어하기 어렵다는 역설적인 결과를 유추해 볼 수 있다. 따라서 이들에게는 신앙교육이 필요하며 중보기도가 절실하다는 것을 알 수 있다. 왜냐하면 대체로 발달장애인들은 사탄의 유혹과 시험에서 자기를 방어할 수 있는 능력이 약하기 때문이다.

사탄은 사악하며 긍휼을 전혀 베풀지 않는다. 따라서 연약한 장애인이라도 전혀 배려하지 않는다. 오히려 연약한 장애인을 자신의 도구로 삼아 가정과 교회 공동체를 훼손하고 파괴하려고 한다. 그러므로 장애자녀를 둔 부모와 이들을 돌보는 사역자는 장애인이 선한 도구로 사용될 것인지 아니면 악한 도구로 사용될 것인지 깊이 생각해야 한다.

발달장애인이 선한 도구로 사용되기 위해서는 반드시 그들을 기도와 사랑으로 돌보아야 하며 반면에 그들에 대한 무관심과 소외는 발달장애인으로 하여금 단지 악한 도구로 사용되게 할 것이다. 모든 사람이 죄의 영향력 아래에 있다면 발달장애인도 결코 예외가 될 수 없음을 깨달아야 한다.

■ 더 깊은 연구를 위한 질문

장애인이 선한 도구로 사용된다는 의미는 무엇인가?

---

98) 전도서 7장 20절
99) 로마서 3장 23절

B.
인간론

6장
죄의 형벌
[정의로 다스리시는 하나님]

죄의 형벌과 그 의미는 무엇인가?

하나님은 공의로 세상을 다스리시며 죄를 간과하시지 않는다. 죄는 반드시 그 대가를 치르게 되어 있는데 이것이 곧 형벌이다. 그러므로 공의로 다스리시는 하나님이 죄에 대하여 내리시는 형벌은 자연스러운 것이며 피할 수 없다. 오직 회개와 용서를 통하여 형벌을 면제받을 수 있도록 하셨다. 그런데 성경에는 죄의 대가와 관련하여 형벌 이외에 징계의 목적도 있다고 소개하고 있다. 일반적으로 형벌은 부정적인 의미를 내포하고 있지만, 징계는 반드시 부정적인 의미만 있는 것이 아니다. 징계의 긍정적 의미란 성도들이 때때로 연약하여서 범죄의 자리로 떨어질 때 신앙의 자리로 돌아오게 하려고 고난의 상황으로 이끄시는 채찍이라고 생각할 수도 있다. 그러므로 징계란, 범죄의 결과로 오는 것이긴 하지만 엄밀히 말하자면 형벌이 아니라 마치 부모가 자녀에게 하는 꾸지람의 의미가 있다. 그리고 징계는 믿음으로 의롭다 하심을 받은 성도들에게 주어진다. 왜냐하면 성도들은 칭의로 말미암아 정죄에서 이미 벗어났고, 따라서 어떤 경우에도 형벌을 받지 않기 때문이다. 단지 온전히 성화 되지 못한 자녀가 죄를 지을 때 채찍을 드시는 것이 바로 징계이다.[100] 사실 징계란 단어를 원어로 살펴보면 '교육', '훈련', '교정'이란 의미가 있음을 알 수 있다.

---

100) 잠언 3장 11절-12절, 히브리서 12장 7절-9절, 고린도전서 11장 32절

그렇다면 형벌의 목적은 무엇인가? 성경은 대체로 세 가지 목적을 소개하고 있다.

첫째, 하나님의 공의를 만족하기 위해서다.[101] 왜냐하면 죄는 하나님에 대한 공격이자 반역이므로 거룩을 지키기 위하여 형벌은 행해져야 한다.

둘째, 죄인의 교정을 위한 것이다. 이는 형벌의 목적이 하나님의 공의의 만족에 있지 않고 죄인을 교정하고 개선해서 온전한 인간을 만드는 데 있다. 그러나 교정은 부수적이며 궁극적인 목적은 아니다. 왜냐하면 궁극적인 목적이라면 개선의 소망이 없는 지옥의 존재가 불필요하기 때문이다.

셋째, 범죄의 예방을 위한 것이다. 즉, 사람이 죄를 짓는 것을 방지함으로써 공동체를 보호할 목적으로 형벌을 준다는 것이다. 굳이 말하자면 예방은 부수적인 목적이며 반성의 기회를 주는 것으로 생각된다.

하나님이 죄를 지은 인간에게 주신 형벌의 내용은 무엇인가?

첫째, 영적 죽음이다. 성경은 죽음을 분리의 개념으로 설명해 주고 있다. 즉, 육체적 죽음은 육체에서 영혼이 분리됨을 뜻하며, 영적인 죽음이란 인간의 영혼이 하나님으로부터 분리됨을 의미한다. 물을 떠난 고기가 살 수 없고 뿌리에서 끊긴 가지가 살 수 없음과 같이 하나님의 생기로 생명을 갖게 된 인간의 영혼은 하나님을 떠나면 죽는 것이다.

둘째, 생활의 고통이다. 이것은 죄가 세상에 들어오면서부터 비롯된 인간 생활의 모든 고통이 죄에 대한 형벌이다.[102]

셋째, 육체적 죽음이다. 이것은 아담의 범죄로 모든 인류에게 찾아온 형벌이다. "너는 흙이니 흙으로 돌아갈 것이니라."[103] 따라서 한 사

---

101) 욥기 34장 11절-12절 : "사람의 행위를 따라 갚으사 각각 그의 행위대로 받게 하시나니 진실로 하나님은 악을 행하지 아니하시며 전능자는 공의를 굽히지 아니하시느니라." 참고 시편 62편 12절
102) 창세기 3장 15절, 17절, 19절, 23절, 24절
103) 창세기 3장 19절

람의 범죄로 말미암아 죽음이 모든 사람에게 이르게 된 것이다.[104]

넷째, 영원한 죽음이다. 이것은 영육이 불지옥에 떨어져 영원히 죽임을 당하는 것을 의미하며 영적 죽음의 최종적 결과이자 형벌의 완성이라고 할 수 있다. 죄인에 대한 하나님의 진노는 하나님으로부터 완전히 분리되며, 돌이킬 수 없는 가장 무서운 고통의 상태로 떨어진다.[105]

정의로 다스리시는 하나님

'일반적으로 발달장애인들은 죄를 짓지 않는가? 그리고 죄를 짓는다 할지라도 형벌을 받지 않는가?' 이러한 질문에 중증장애 자녀를 둔 어떤 부모는 부정적인 견해를 취하기도 한다. 예를 들면, '중증의 장애를 가진 자녀가 인지와 의지가 거의 없는 상태에서 어떻게 죄를 짓는가? 그리고 이렇게 착하고 순전한 자녀에게 하나님이 형벌을 내릴 수 있는가?'라고 말하기도 한다. 다른 한편 어떤 부모는 장애로 태어난 것이 형벌을 받은 것으로 생각하며 죄책감을 갖고 살아가는 것을 종종 볼 수 있다. 여기서 우리가 바르게 생각해야 할 부분이 있다. 그것은 정죄란, 인간이 아닌 하나님의 관점에서 봐야 한다는 것이다. 왜냐하면 죄를 정하시는 분이 하나님이시기 때문이다. 아울러 장애로 인한 고난의 삶도 하나님의 관점에서 보면 장애가 죄의 결과로 나타난 형벌인지 아니면 사랑의 표현으로 나타난 징계인지 깨닫게 된다는 것이다.

그렇다면 하나님의 관점이란 무엇을 의미하는가? 오직 하나님 말씀인 성경을 통하여 장애와 장애로 말미암은 고난의 의미를 살펴보는 것이다. 일반적으로 사람들은 세 가지 관점에서 바라본다.

첫째, 자기의 관점이다. 자신이 보는 관점이란 한계를 지닌 존재로서 지식과 경험에서 부족함을 가질 수밖에 없다. 특히 마음의 상처가

---

104) 로마서 5장 12절
105) 『기초 교의신학 인간론』, p.162

있어서 열등감, 강박감, 우울감, 분노를 하고 마음 조절이 안 되는 경우 올바른 관점을 갖기 어려울 수 있다. 그러므로 자기 관점, 곧 주관적 관점으로 장애와 장애로 말미암은 고난의 의미를 바르게 깨닫기는 불가능한 것이다.

둘째, 타인의 관점이다. 타인이 보는 관점이란 보편적이고 객관적인 관점이다. 이것은 사회의 일반적인 기준으로 생각하고 판단하는 것으로서 제 삼자의 입장을 받아들이는 것을 의미한다. 자신의 고난의 삶과 자녀의 생명과 양육을 타인의 판단에 맡긴다는 것이 올바른 것인지 되묻고 싶다. 그리고 하나님이 특별한 계획을 갖고 개인과 가정에 주신 장애와 그로 말미암은 고난이라면 일반적인 관점에서 그것을 이해한다면 올바르지 않은 것으로 생각한다.

셋째, 하나님의 관점이다. 이것은 우리의 생명과 삶을 주관하시는 창조주의 관점에서 바라보는 것이다. 결코, 오류나 실수가 없으신 하나님의 계획을 믿음으로 깨닫고 장애와 장애로 말미암은 고난의 삶을 이해하고 받아들이는 것이다. 문제가 많은 인간중심의 관점이 아니라 오류와 실수가 없으신 하나님의 관점이라는 측면에서 올바르다고 볼 수 있다. 그렇다면 예수님은 장애를 무엇이라고 말씀하고 있는가? '하나님의 하시는 일을 나타내기 위한 도구'라고 말씀하셨다.[106] 앞에서 언급한 바를 반복하여 설명하자면 하나님의 자녀가 때때로 연약하여서 범죄의 자리로 떨어질 때, 신앙의 자리로 돌아오도록 고난의 상황으로 이끄시는 채찍 곧 '징계를 위한 도구'인 것이다. 즉, 바른 자녀로 만들기 위하여 장애와 고난의 삶을 '교육', '훈련', '교정'의 도구로 사용한다는 뜻이다. 따라서 히브리서 기자는 다음과 같이 말했다.

"또 아들들에게 권하는 것 같이 너희에게 권면하신 말씀도 잊었도다 일렀으되 내 아들아 주의 징계하심을 경히 여기지 말며 그에게 꾸지람

---

106) 요한복음 9장 3절

을 받을 때에 낙심하지 말라 주께서 그 사랑하시는 자를 징계하시고 그가 받아들이시는 아들마다 채찍질하심이라 하였으니 너희가 참음은 징계를 받기 위함이라 하나님이 아들과 같이 너희를 대우하시나니 어찌 아버지가 징계하지 않는 아들이 있으리요 징계는 다 받는 것이거늘 너희에게 없으면 사생자요 친아들이 아니니라."[107]

하나님께 징계를 받는 사람은 어떤 자세를 가져야 할까?

첫째, 싫어하거나 업신여기지 말아야 한다.[108] 둘째, 낙심하지 말아야 한다.[109] 셋째, 믿음으로 인내해야 한다.[110] 이렇게 할 때 연단을 받은 사람에게는 의와 평강의 열매를 맺게 된다고 하나님이 약속해 주셨다.[111]

하나님은 모든 사람이 구원을 받고 진리를 깨닫는 것을 원하신다.[112] 특히 하나님은 약한 자들을 사랑하시며 그들에게 치유와 회복의 은혜를 베푸신다. 이러한 거룩한 사역을 하시기 위하여 이 땅에 오신 분이 바로 예수 그리스도이시다.[113]

■ 더 깊은 연구를 위한 질문

'하필이면 왜 내게 장애 자녀를 주셨을까?'라는 부모의 질문에 어떻게 답해야 할까?

---

107) 히브리서 12장 5절-8절
108) 잠언 3장 11절, 욥기 5장 17절
109) 히브리서 12장 5절
110) 히브리서 12장 11절-13절
111) 히브리서 12장 11절
112) 디모데전서 2장 4절
113) 마태복음 4장 23절-25절

B. 인간론

7장
은혜 언약
[은혜로운 언약의 대상인 장애인]

은혜 언약이란 무엇인가?

성경은 죄인들에게 구원의 길을 알려주시는 하나님의 특별한 계시, 곧 거룩한 말씀이다. 성경은 신약과 구약으로 나누어진다. 신약은 새로운 약속이라는 뜻이고 구약은 오래전 약속이라는 뜻이다. 언약이라는 말은 약속과 같은 의미로 사용되는 것이지만 약속이 일방적이거나 상호 의미로 사용된다면 언약 혹은 계약이란 용어는 일반적으로 법적인 효과를 목적으로 두 사람 이상의 당사자가 일정한 조건과 약속에 대하여 합의를 이루는 것을 의미한다. 그러므로 은혜 언약이라는 뜻은 하나님이 범죄로 말미암아 형벌을 받아야 할 사람에게 아무런 조건 없이 죄를 깨끗하게 용서해주시고 그리스도 안에서 구원하시겠다는 약속을 말한다. 다시 말하자면 은혜로운 약속이란 사람들의 공로나 대가를 요구하지 않고 오직 하나님의 사랑에 근원을 두고 성령 하나님을 통한 구속이 이루어지는 것을 의미하는 것이다.

성경에 나타난 언약을 살펴보면 먼저 하나님이 타락하기 전에 아담과 맺은 행위 언약이 나타난다. 행위 언약에서는 하나님이 창조주로 나타나며, 하나님이 주신 율법을 지켜야 구원을 받는 조건적 언약이었다. 반면에 은혜 언약은 예수 그리스도로 말미암아 주어진 새로운 언약으로서 누구든지 예수 그리스도를 믿으면 죽지 않고 영원히 사는 구원을 얻게 하셨다.[114] 왜냐하면 이것은 창세 전에 삼위 하나님의 대표이신 성부 하나님이 거룩한 백성의 대표이신 성자 예수님과 계약을 맺으셨기 때문이다.[115]

은혜 언약의 대상인 장애인

그렇다면 은혜 언약이 무엇인지 살펴보고, 장애인이 은혜 언약의 대상자가 될 수 있는지 생각해 보자. 은혜 언약이란, 하늘과 땅의 권세를 가진 예수 그리스도를 믿음으로 순종의 생활을 함으로써 죄로 말미암은 영원한 형벌을 면제받는 것은 물론, 하나님 나라에서 영원히 사는 복을 누리는 것을 의미한다. 왜, 예수 그리스도를 반드시 믿어야 할까? 그 이유는 앞에서 언급한 바와 같이 예수 그리스도가 하늘과 땅의 모든 권세를 가진 분이기 때문이며, 또한 죽음의 형벌을 받아야 할 죄인들을 대신하여 속죄 제물이 되셨기 때문이다.[116] 따라서 예수 그리스도를 믿음으로 말미암아 하나님과 화목하게 되고 거룩함을 회복하기 때문이다.[117]

그렇다면 은혜 언약의 대상은 누구인가?

"누구든지 주의 이름을 부르는 자는 구원을 받으리라"[118]는 바울 사도의 말씀을 생각해 보면 은혜 언약의 대상이 모든 사람에게 해당하는 보편적인 약속임을 생각하게 된다. 그러나 은혜 언약이 믿음을 가진 사람들, 곧 하나님이 특별히 선택한 사람이 대상이 된다는 점에서 볼 때 특별한 언약이라고 생각할 수 있다.[119] 모든 사람을 위하여 자신을 내어주신 예수 그리스도의 희생 제사는 완전한 것이며, 따라서 믿음으

---

114) 요한복음 11장 25절-26절
115) 창세기 1장 26절, 마태복음 28장 18절
116) 로마서 5장 8절
117) 로마서 5장 8절-10절
118) 로마서 10장 13절
119) 창세기 17장 7절, 출애굽기 19장 5절-6절, 예레미야 31장 33절, 요한복음 10장 14절-15절, 요한복음 17장 9절

로 고백하는 사람으로 하여금 단번에 완전한 구원을 이루게 하신다. 그러나 회개하지 않는 사람들까지 구원하기 위한 희생 제물이 되어서 보혈을 흘리신 것은 아니었다. 따라서 예수 그리스도의 속죄는 제한적이라고 생각할 수 있다. 예를 들어, 하나님의 주권적인 섭리를 잠시 살펴보면 이삭의 두 아들 중에 형 에서는 버리시고 동생인 야곱은 선택하신다고 말씀하셨다. 이것은 하나님이 두 형제를 차별하신 것이 아니라 특별히 구원할 사람을 구별하신 것이다. 그러므로 창조주 하나님의 진노와 긍휼은 주권적이라고 할 수 있다.[120]

일반적으로 건강한 성인들은 바르고 참된 자신의 믿음 고백을 통하여 자발적으로 언약에 참여할 수 있다. 그러나 아직 인격적으로 성숙하지 못한 자녀들이나 인지적 어려움이 있는 장애인은 어떻게 언약에 참여하게 되는가? 하나님의 은혜 언약을 올바로 이해할 때 먼저 생각해야 할 것이 있다.

첫째, 하나님이 은혜 언약을 세웠으며 먼저 취소하시지 않는다는 것이다. 이 말은 은혜 언약이 세상 종말까지 지속한다는 뜻이다. 그러나 개인적인 종말도 갑자기 찾아올 수 있으므로 깨어있어야 한다는 사실을 알게 해 주어야 한다.

둘째, 하나님의 은혜 언약은 개인적으로 주어진 것이지 집단으로 주어진 것이 아니다. 따라서 구원을 약속받은 언약의 자녀는 하나님의 은혜로운 약속을 믿고 하나님 말씀에 순종하며 살아가야만 한다. 이를 위하여, 각 사람에게 하나님과 교제하는 삶을 살 수 있도록 모범을 보이고 온 힘을 다하여 중보 기도를 해 주어야 하며 끊임없이 복음을 가르쳐야 한다.

셋째, 언약 안에 있는 사람으로서 거듭나지 않은 사람이라고 할지라도 여전히 언약 안에 있다. 이 말은 하나님이 약속한 복과 저주에 대한

---

[120] 로마서 9장 19절-29절. 토기장이 하나님

책임에 관한 한 법적인 언약 아래 있다는 뜻이다.

그러므로 하나님과 교제하며 말씀에 순종하는 삶을 산다면 약속된 복을 누리며 살게 된다. 그러나 불순종하는 삶을 산다면 언약을 파괴한 것에 관한 책임을 져야 한다는 사실을 명심해야 한다.

장애인에게 있어서 장애라는 특성이 구원의 조건이 될 수는 없다. 그들의 구원 또한 하나님의 주권적인 은혜 언약에 따른 것이다. 은혜 언약에 참여한 발달장애인들은 하나님과의 교제가 지속해서 이루어질 수 있도록 주변의 도움이 필요하다. 따라서 예배의 자리에 나오도록 그들을 이끌어 주어야 하며, 스스로 나올 수 없는 발달장애인은 부모나 교사가 주님의 마음을 품고 그들을 위하여 기도하며 거룩한 보좌로 함께 나아가야 한다. 왜냐하면, 눈물의 기도는 하나님의 보좌를 움직이기 때문이다.

■ 더 깊은 연구를 위한 질문

장애인은 어떻게 하나님의 은혜 언약에 참여하는가?

장애 신학
Disability Theology

조직신학으로 이해하는 발달장애인 사역

C. 기독론

1장. 예수님의 명칭과 성격 (장애인과 어떤 관련성이 있는가?)
2장. 예수님의 비하와 신분 (성육신의 이유는 무엇인가?)
3장. 예수님의 승귀와 신분 (장애인과 어떤 연관성이 있는가?)
4장. 예수님의 직분과 역할 (장애인에 대한 예언과 사역)
5장. 예수님의 속죄와 대속 (장애인을 위한 사랑과 공의)
6장. 예수님의 중보사역과 특징 (장애인을 중보하시는 예수님)
7장. 예수님의 왕직과 통치 (장애인이 거룩한 백성이 되는가?)

C. 기독론

1장

예수님의 명칭과 성격

[장애인과 어떤 관련성이 있는가?]

예수님은 어떤 분이신가?

예수님은 성경에서 각기 다른 이름으로 나타난다. 대략 5가지 정도 빈번하게 사용되었던 명칭을 살펴보면 '예수, 그리스도, 인자, 하나님의 아들, 주(님)'이다. 예수님의 각 명칭은 세상에서 해야 할 사역과 직분을 의미하고 있다. 5가지의 명칭과 성격이 무엇인지 살펴보자.

1. **예수** : 이 이름은 동정녀 마리아에게서 탄생하시기 직전에 천사가 계시하여 준 이름이다.[121] 예수라는 이름은 히브리어 '여호수아'(Jeshua)[122] 또는 '예수아'(Jeshua)[123]의 헬라어식 이름으로서 구세주를 의미한다.

2. **그리스도** : 예수가 사적인 명칭이라면 그리스도는 공적인 명칭에 해당한다.[124] 그리스도란 '기름 부음 받은 자'라는 뜻으로 구약의 메시아와 같은 의미를 가지고 있다.[125] 구약시대에서는 제사장, 왕, 선지자가 기름 부음을 받았는데 그 의미는 구세주로서 성령의 능력을 입은 분임을 의미한다.

3. **인자** : 인자라는 명칭은 예수님이 자신을 가리켜 사용하신 것에

---

121) 마태복음 1장 21절 : "아들을 낳으리니 이름을 예수라 하라 이는 그가 자기 백성을 그들의 죄에서 구원할 자이심이라 하니라." 누가복음 1장 30절-31절
122) 여호수아 1장 1절
123) 에스라 2장 2절
124) 루이스 벌코프, 『벌코프 조직신학, 하』, p.541
125) 요한복음 4장 25절-26절

서 찾아볼 수 있다. 인자는 인간의 몸을 입고 사람과 같은 혈육에 속하신 자가 되었음을 의미하며 자신을 낮추신 의미로 사용되었다.[126]

4. **하나님의 아들** : 하나님의 아들이라는 명칭은 인자라는 명칭과 마찬가지로 그리스도에게만 적용된 것은 아니었다. 일반적으로 민족적 선택을 받은 이스라엘 백성을 하나님의 자녀 혹은 하나님의 아들로 사용되었다.[127]

5. **주(님)** : 이 명칭은 정중하고 존경하는 인사의 형식으로 사용되었다. 예를 들면, 상대방과 인사를 나눌 때 높여서 '선생님'(Sir) 하고 부르는 것과 같은 의미이다.[128]

이상에서 살펴본 바와 같이 예수님은 대략 5가지 정도의 이름으로 사용되었는데, 이 명칭들이 장애인 관련 사역과 직분에 어떤 연관성이 있는지 살펴보자.

첫째, 예수라는 이름은 천사가 알려준 것으로서 구세주를 의미한다고 앞에서 언급했다. 구세주라는 뜻은 '세상을 구원하는 자'라는 뜻이다. 예수님이 구세주로서 공생애 동안 하셨던 사역은 하나님 말씀을 가르치고, 복음을 전파하며, 병든 몸과 장애가 있는 몸을 치료하신 것이었다.[129]

예수님은 장애인을 주된 사역의 대상으로 생각하셨다. 그 이유는 치유와 회복으로 나타나는 기적이 하나님의 정의로운 통치를 나타내는 것이기도 하였지만, 무엇보다도 하나님 나라의 도래를 알리며 세상에 소망을 주기 위함이었다. 이것은 자신을 따르는 사람들에게 '하나님 나라와 그의 의'를 먼저 구하라는 말씀에서 그 의미를 알 수 있다.

예수님은 하나님 나라의 도래와 하나님의 통치와 하나님 나라의 성격을 장애의 치유와 회복을 통하여 뚜렷하게 나타내셨다. 그러므로 하

---

126) 마태복음 16장 27절-28절
127) 출애굽기 4장 22절-23절
128) 마태복음 8장 2절, 마태복음 20장 33절
129) 마태복음 4장 23절-25절

나님 나라를 증명하고 확장하는 교회는 장애인 사역을 목회의 본질적 사역이며 선교사역으로 생각하고 적극 실천해야 한다. 심령이 부패한 인간적인 생각인 맘몬의 논리로 접근하면 결코 안 된다.

둘째, 그리스도는 공적인 이름으로서 메시아와 같은 의미를 가지고 있으며, 구세주로서 성령의 능력을 입은 분임을 나타낸다. 예수님의 제자 요한은 예수 그리스도를 가리켜 '은혜와 진리가 충만하신 분'이라고 말했다.[130] 이처럼 성령의 능력 곧 은혜와 진리가 충만하면 예수님처럼 가난한 자, 포로가 된 자, 눈 먼 자, 눌린 자에게 관심을 두게 되고 그들을 향해 나아가서 치유와 회복을 통한 자유를 누리게 한다. 이러한 사실을 그리스도이신 예수님은 나사렛 회당에서 메시아 취임 선언을 하셨을 때 사역의 본질과 우선적인 대상이 누구인지 분명히 알려주셨다.[131] 그러므로 그리스도의 말씀과 모범을 따르는 그리스도인은 어떤 능력으로 사역을 감당해야 하는지 그리고 사역의 대상이 누구인지를 깨달아야 한다. 장애인 사역은 교회가 인적자원이나 물적 자원의 여유가 있을 때 하는 부차적 사역이 아니라 본질적 사역이며, 선택적 사역이 아니라 필수적 사역임을 그리스도께서 모범을 보여주셨다. 그러므로 장애인 사역을 복지적 시혜사업이 아닌 목회와 선교사역으로 생각하고 실천해야 한다.

셋째, 인자라는 명칭은 사람과 같이 혈육에 속하신 자가 되었고 자신을 낮추신 의미로 사용되었다고 앞에서 말했다. 우리가 잘 알듯이 하나님의 구원계획은 성육신으로 나타났고 그것은 비하의 여정이었다. 인간의 몸을 입고 겸손하게 오셨다. 가장 작은 나라 유대 땅에, 가장 작은 동네 베들레헴에, 그리고 가장 낮은 말구유에 오셨다. 흠모할 모습이 없는 고난의 종으로 사역하셨고, 머리를 둘 곳도 없이 세상의

---

130) 요한복음 1장 14절
131) 누가복음 4장 18절-19절

것을 내려놓고 가난하게 사역을 하셨다.[132] 예수님은 종종 자신을 따르던 사람들에게 겸손을 가르쳤으며 낮아지라고 요구하셨다. 그래야 천국을 소유할 수 있다고 말씀하셨다.[133]

　예수님의 가르침과 모범을 통해 겸손을 배우지 못하고 낮아지는 것을 실천하지 못하는 사역자는 장애인을 곁에 두고 이들을 통한 깨달음이 있어야 한다. 바울 사도는 하나님이 교만한 사역자들을 깨닫게 하려고 장애인을 거룩한 도구로 사용하신다고 말했다.[134] 인자의 모습으로 우리 곁에 둔 장애인이 바로 반면교사라고 말한 것이다. 장애인은 결함 때문에 의존적인 삶을 살지만, 결코 무능하거나 무기력한 존재가 아니다. 오히려 연약함의 신비를 간직한 존재이며 은혜의 통로이다. 그러므로 인자이신 예수님의 모범을 따라 거룩한 사역을 하는 사람은 장애인과 함께하는 그 자리를 통하여 하나님이 베푸시는 은혜를 경험하고 참된 진리를 깨달을 수 있어야 한다.

　넷째, 하나님의 아들이라는 명칭은 신성을 가진 출생적 의미와 함께 메시아적 아들의 개념을 포함한다. 예수님은 제자들에게 하늘에 계신 아버지를 말씀하실 때 '너희 아버지'라고 말씀하셨다.[135] 이것은 성령으로 말미암는 거룩한 자녀임을 나타내는 것이다. 한편으로 예수님은 자신을 삼위일체의 의미에서 '내 아버지 혹은 하나님의 아들'라고 표현하셨다.[136] 그렇다면 장애인은 성령으로 말미암아 하나님의 자녀가

---

132) 마태복음 8장 14절-22절
133) 마태복음 18장 3절 : "이르시되 진실로 너희에게 이르노니 너희가 돌이켜 어린 아이들과 같이 되지 아니하면 결단코 천국에 들어가지 못하리라."
134) 고린도전서 1장 27절-29절
135) 마태복음 6장 8절 : "그러므로 그들을 본받지 말라 구하기 전에 너희에게 있어야 할 것을 하나님 너희 아버지께서 아시느니라."
136) 마태복음 11장 27절 : "내 아버지께서 모든 것을 내게 주셨으니 아버지 외에는 아들을 아는 자가 없고 아들과 또 아들의 소원대로 계시를 받는 자 외에는 아버지를 아는 자가 없느니라."
　마태복음 26장 63절-64절 : "예수께서 침묵하시거늘 대제사장이 이르되 내가 너로 살아 계신 하나님께 맹세하게 하노니 네가 하나님의 아들 그리스도인지 우리에게 말하라 예수께서 이르시되 네가 말하였느니라 그러나 내가 너희에게 이르노니 이후에 인자가 권능의 우편에 앉아 있는 것과 하늘 구름을 타고 오는 것을 너희가 보리라 하시니."

될 수 없는가? 성령의 은혜가 어쩔 수 없는 특성이 있음을 살펴볼 때 은혜를 베푸시는 하나님의 손길을 거부할 수는 없음을 알게 된다. 따라서 중증장애인이라 할지라도 성령의 은혜로 말미암아 하나님의 자녀가 될 수 있음은 분명한 사실이다. 장애인을 하나님의 거룩한 자녀로 받아들일 수 있다는 의미는 거룩한 공동체의 일원으로서 받아들여야 한다는 것과 공동체 안에서 직분을 갖고 사역을 할 수 있음을 인정해야 한다는 것을 또한 의미한다. 단순히 복음의 대상을 뛰어넘어 복음의 주체로 생각해야 한다는 것이다. 교회는 장애인을 바르게 이해할 때 장애인의 존재와 가치와 장애인 사역에 대한 바른 인식을 가질 수 있다. 그리고 장애인을 바르게 이해할 때, 하나님의 아들이신 예수님을 바르게 이해할 수 있다.

다섯째, 주(님)은 정중하고 존경하는 인사의 형식으로 사용된 명칭으로 예수님이 부활 승천하신 후에 영광의 보좌에 앉으신 그리스도의 신분을 나타내는 말로도 사용되었다.[137] 다시 말하자면 '주'라는 표현은 최고의 권위를 가진 분으로서 하나님이라는 명칭과 동의어로 사용되는 것으로 이해할 수 있다는 것이다. 이러한 사실은 예수님이 심판주가 되신다는 것에서 알 수 있다.

예수님은 장애인과 어떤 연관성이 있는가?

예수님은 장애인을 복음 사역의 우선적인 대상으로 삼으셨고 그들을 통하여 자신이 누구인지 그리고 하나님의 뜻이 무엇인지 더 나아가서는 장애인의 치유를 통하여 하나님 나라에 대하여 깨닫게 하셨다. 성경을 잠시 살펴보자. 어느 날, 앞을 보지 못한 맹인이 예수님을 만나 눈을 뜨고 나서 예수님을 일컬어 '주'라고 표현하며 예수님을 믿는

---

137) 사도행전 2장 36절 : "그런즉 이스라엘 온 집은 확실히 알지니 너희가 십자가에 못 박은 이 예수를 하나님이 주와 그리스도가 되게 하셨느니라 하니라."

다고 고백했다. 이때 예수님은 자신을 심판주라고 말씀하셨다.[138] 그리고 한 문둥병(한센병)자가 예수님께 나아와 절하고 말하기를 "주여, 원하시면 저를 깨끗게 하실 수 있나이다."[139]라고 말했다. 그뿐만 아니라 예수님이 여리고 선교를 마치고 떠나가실 때 큰 무리가 뒤를 따라갔다. 그 중에 시각장애인 두 사람이 길가에 앉았다가 예수님이 지나가신다는 것을 듣고 소리를 질렀다. "주여! 우리를 불쌍히 여기소서! 다윗의 자손이여!" 예수님은 외면하지 않으시고 그들을 불러 다음과 같이 말씀하셨다. "너희에게 무엇을 주기를 원하느냐?"[140]

시각장애인들은 예수님이 어떤 분이라 생각하고 '주님'이라고 부르며 불쌍히 여겨달라고 소리쳤는가? 그것은 그들이 사람들의 소문을 통해 예수님이 메시아라는 사실을 알았기 때문이라고 추측된다. 예수님께서 자신을 '심판주'라고 소개하시며 장애인의 눈을 뜨게 하신 것은 사람들의 영적 장애를 깨닫게 하고 이 땅에서 하나님 나라를 회복하는 메시아 사역을 알리기 위함이었다. 따라서 예수님은 장애의 원인에 대한 질문에 대하여 "하나님의 하시는 일을 나타내고자 함"[141]이라고 답변하셨고 이어서 말씀하시길 "보지 못하는 자들은 보게 하고 보는 자들은 맹인이 되게 하려 한다"고 말씀하셨다.

그렇다면 본다고 하는 자, 곧 영적 맹인이란 누구를 가리키는가? 그 당시 스스로 믿음에 흠결이 없다고 자부했으나 형식적인 종교인에 불과했던 바리새인을 두고 하신 말씀이었다. 그 당시 유대 사회는 종교 지도자들에 의한 신정정치 형태를 보이고 있었으며 종교 지도자들에 의해서 모든 것이 결정되는 상황이었다. 영적 장애를 갖고 있던 종교 지도자들을 통하여 하나님 나라가 회복될 수는 없었기 때문에 예수님은 자신을 심판주라고 말씀하시며 시각장애인의 눈을 뜨게 하시고 영

---

138) 요한복음 9장 35절-41절
139) 마태복음 8장 2절
140) 마태복음 20장 30절-32절
141) 요한복음 9장 3절

적 장애인을 맹인이라고 말씀하신 것이었다.

예수님이 시각장애를 두고 말씀하신 것을 깊이 생각해 보면 "신체적 장애는 고난의 표징이지만 그 속에는 영적 장애의 현실을 고발하고 깨달음을 주는 예언적 기능을 내포하고 있음을 깨닫게 된다."[142] 예수님께서 지적해 주신 말씀을 통해서 깨달아야 할 것은 장애인 사역이 비단 장애인과 그 가족들에게 제한되어 있지 않다는 의미이며 소위 정상이라고 말하는 모든 사람이 신체장애를 통하여 영적 장애에 대한 깨달음을 가져야 할 교훈이다.

■ 더 깊은 연구를 위한 질문

장애인이 예수님의 주된 사역의 대상이 된 이유는 무엇인가?

---

142) 김해용, 『연약함의 신비』, p.21

C. 기독론

2장
예수님의 비하의 신분
[성육신의 이유는 무엇인가?]

"그러므로 주께서 친히 징조를 너희에게 주실 것이라 보라 처녀가 잉태하여 아들을 낳을 것이요 그의 이름을 임마누엘이라 하리라."[143] "이는 한 아기가 우리에게 났고 한 아들을 우리에게 주신 바 되었는데 그의 어깨에는 정사를 메었고 그의 이름은 기묘자라, 모사라, 전능하신 하나님이라, 영존하시는 아버지라, 평강의 왕이라 할 것임이라."[144]

예수님의 비하(Humiliation)와 목적

이사야 선지자는 삼위 하나님 중 제 2위이신 성자 하나님이 인간의 몸을 입고 세상에 오실 것이라고 예언했다. 약 700년 후 이사야의 예언대로 세상에 오신 예수님은 공생애를 시작하기 위하여 세례를 주는 요한에게 찾아가셨다. 사도 요한은 예수님을 가리켜 '하나님 아버지 독생자의 영광'이라고 밝힘으로써 성자 하나님이 성육신하신 것을 증언했다. 예수님은 성육신하신 목적을 다음과 같이 밝혔다. "인자가 온 것은 섬김을 받으려 함이 아니라 도리어 섬기려 하고 자기 목숨을 많은 사람의 대속물로 주려 함이니라."[145]

예수님이 말씀하신 성육신의 목적은 사람들의 죄를 위하여 십자가에서 죄 값을 대신 담당하기 위해서였다. 이에 따라 인간의 몸을 입고

---
143) 이사야 7장 14절
144) 이사야 9장 6절
145) 마가복음 10장 45절

오신 것이다.[146] 영광의 자리인 하나님의 보좌를 떠나 죽음의 자리인 십자가에 달려 돌아가시기 위하여 인간의 몸을 입고 오신 것은 무엇으로도 설명하기 어려운 비하(humiliation)의 모습이다.[147] 예수님이 고난의 종으로 이 땅에 오셔서 죽기까지 하나님의 말씀인 율법에 복종하게 된 이유는 무엇일까? 그것은 죄로 말미암아 죽을 수밖에 없는 사람들의 죗값을 대신 치르기 위함이었다.

예수님이 성육신(Incarnation)하신 이유는 무엇인가?

예수님의 성육신과 공생애 사역 그리고 부활과 승천 및 중보 사역은 장애인과 어떤 관련이 있는가?

첫째, 예수님의 성육신과 관련하여 살펴보자. 예수님의 성육신하심은 세상에 있는 죄인들을 사랑하셨기 때문이었다.[148] 예수님의 발걸음은 특별히 연약한 자들을 향했고, 그중에서도 장애인들을 특별히 사랑하셨다. 성경을 자세히 살펴보면 예수님과 장애인의 만남은 상당한 분량을 차지하고 있으며 큰 비중을 두고 행하신 사역임을 알 수 있다. 그리고 예수님을 만난 장애인들 대부분이 거절당하지 않고 치유 받았다. 장애의 치유는 단순히 개인의 문제가 아니라 하나님의 뜻을 드러내는 방편임을 말씀해 주셨다.[149] 뿐만 아니라 장애를 치유하는 기적은 하나님이 일하시는 방법이었으므로 예수님이 누구신지 알려주고 있다.[150]

예수님의 성육신과 공생애 사역을 통하여 알 수 있는 것은 장애인이 하나님의 우선적 관심과 사역의 대상이며, 하나님의 뜻을 드러내는 특

---

146) 히브리서 2장 17절 : "그러므로 그가 범사에 형제들과 같이 되심이 마땅하도다 이는 하나님의 일에 자비하고 신실한 대제사장이 되어 백성의 죄를 속량하려 하심이라."
147) 빌립보서 2장 6절-8절
148) 요한복음 3장 16절
149) 요한복음 9장 3절
150) 이사야 35장 4절-6절 : "겁내는 자들에게 이르기를 굳세어라 두려워하지 말라 보라 너희 하나님이 오사 보복하시며 갚아 주실 것이라 하나님이 오사 너희를 구하시리라 하라 그 때에 맹인의 눈이 밝을 것이며 못 듣는 사람의 귀가 열릴 것이며 그 때에 저는 자는 사슴 같이 뛸 것이며 말 못하는 자의 혀는 노래하리니 이는 광야에서 물이 솟겠고 사막에서 시내가 흐를 것임이라."

별한 존재라는 것이다. 고난이 집약적으로 나타나는 장애인이 하나님의 우선적 관심과 사역의 대상이 된다는 것은 전혀 이상한 일이 아니다.

교회는 하나님의 관심에 마음을 두고 그 사역을 따라야 한다. 만일 그렇지 않다면 하나님의 뜻을 거스르는 악한 행위가 될 것이다. 예수님의 성육신과 공생애 사역은 소망을 갖지 못하는 버려진 영혼들과 고통당한 연약한 사람들을 향한 발걸음이었다. 특히 예수님이 가르치신 복음과 실천하신 참사랑은 차별이 없었고 고난 겪은 사람을 위한 참된 위로였다.

한편으로 예수님의 고난과 죽음은 죄의 문제를 해결하지 못해 절망한 사람들을 위한 것이었으며 그들을 구원하려는 방편이었다.[151] 세상의 사람들을 구원하기 위하여 복음을 전하며 참사랑을 실천하는 것은 예수님의 명령을 따르는 그리스도인들이 마땅히 해야 할 일이며, 목숨을 걸고 추구해야 할 사명이다. 그러나 많은 교회가 장애인에게 관심을 두지 않으며 복음 전하기를 주저한다. 하나님 나라의 표상인 예수님의 몸 된 교회는 배타성이 아니라 포괄성이 주도적인 원리이며, 특별히 연약한 사람들이 중심이 되는 참사랑의 원리로 운영되어야 함을 잘 알고 있다. 그러나 오랫동안 교회는 유유상종의 법칙이라는 인간의 부패한 본능을 앞세워 오랫동안 집단 이기주의적인 행태를 유지해 왔다. 하나님 나라는 유유상종이라는 인간의 본능이 아니라 모든 사람을 초청하시는 '하나님의 초대'에 근거해야 한다.[152] 특히 죄 있는 사람을 찾아가시고 부르시는 예수님을 생각할 때 교회는 장애인을 외면해서는 안 될 것이다. 주일은 있으나 갈 곳이 없는 장애인들을 초청하고 찾아가는 것이 자신을 낮추신 예수님의 겸손을 닮는 것이며 차별 없는

---

151) 갈라디아서 4장 4절-5절 : "때가 차매 하나님이 그 아들을 보내사 여자에게서 나게 하시고 율법 아래에 나게 하신 것은 율법 아래에 있는 자들을 속량하시고 우리로 아들의 명분을 얻게 하려 하심이라."
152) 안교성, 『장애인을 잃어버린 교회』, p.33

복음을 전하는 것이다.

　예수님은 만인, 즉 유대인과 이방인의 구주가 되셨으나 그 당시 유대인들은 예수님이 이방인의 구주라는 사실을 인정할 수 없었다. 그런데 바로 이 고정관념이 깨졌을 때 비로소 세계선교가 가능했다. 하지만 슬프게도 이런 고정관념은 오늘날 장애인에게 적용되고 있다. 교회 안에는 장애인과 비장애인의 장벽이 있으며 보이지 않는 악마적인 차별이 엄연히 존재하고 있다. 이것은 복음을 훼손하는 것이며 복음 전파를 가로막는 마귀적 행위이다. 교회사를 통해 살펴보면 교회는 적어도 장애인 문제만큼은 복음을 통해 사회를 변화시키는 대신 오히려 사회 통념에 의해 변질하는 모습을 보여왔다.[153]

　마르틴 루터에 의하면 참된 신학은 십자가의 신학이다. 이것은 인간이 예수 그리스도의 고난과 겸허의 결정인 십자가를 통해서 알 수 있다는 뜻이다. 그리고 십자가는 우리에게 "연약함 속의 능력 (strength in weakness)"이라는 새로운 힘을 깨닫게 해 준다.[154] 그리고 예수님의 복음은 능력에 따라 사람의 등급을 매기고, 장애인을 이류 인생 취급하는 인식도 교정시킨다. 한편으로 예수님의 비하와 거룩한 신분은 결코 합리적이지 않는 참사랑의 실천이었으며 거룩한 편애였다. 우리는 누구의 복음과 사랑을 전하고 있는가?

■ 더 깊은 연구를 위한 질문

　교회는 왜 참사랑의 원리로 운영되어야 하는가?

---

153) 안교성, 『장애인을 잃어버린 교회』
154) 안교성, 『장애인을 잃어버린 교회』, p.36

C. 기독론

3장
예수님의 승귀의 신분
[장애인과 어떤 연관성이 있는가?]

"이러므로 하나님이 그를 지극히 높여 모든 이름 위에 뛰어난 이름을 주사 하늘에 있는 자들과 땅에 있는 자들과 땅 아래에 있는 자들로 모든 무릎을 예수의 이름에 꿇게 하시고 모든 입으로 예수 그리스도를 주라 시인하여 하나님 아버지께 영광을 돌리게 하셨느니라."[155]

예수님의 승귀(Exaltation)의 신분이란 무엇인가?

예수 그리스도의 승귀란 비하의 신분으로 성육신하신 예수님께서 구원에 필요한 사역과 속죄의 일을 모두 감당하신 후 창세 전의 영화로운 위치로 높아지신 것을 말한다. 예수 그리스도의 승귀에[156] 대한 성경적 증거는 매우 많고 확실하다. 다시 언급하지만, 예수님이 승귀의 신분을 갖는 것은 비하의 신분과 거룩한 사역의 공의로운 결과였다.[157] 즉, 예수 그리스도께서 율법의 요구를 충족시키셨기 때문에 상급을 받으실 자격이 있다는 사실상 하나님의 선언이었다.[158] 예수 그리스도의 승귀는 '부활 - 승천 - 하나님 우편에 앉으심 - 재림'과 같이 4단계로 구별된다.

첫째, 부활은 예수 그리스도의 승귀의 신분의 첫 계단이며, 우리 신

---

155) 빌립보서 2장 9절-11절
156) 승귀 : 부활, 승천, 하나님 우편에 앉으심, 재림(다시 오심)
157) 루이스 벌코프, 『벌코프 조직신학』, p.579
158) 루이스 벌코프, 『벌코프 조직신학』, p.579

앙생활에서 가장 중요한 기초적 교리가 된다. 그러므로 바울 사도는 "그리스도께서 만일 다시 살아나지 못하셨으면 우리가 전파하는 것도 헛것이요 또 너희 믿음도 헛것"이라고 하였다.[159] 예수 그리스도의 부활은 다음과 같이 삼중적 의미를 지닌다. ① 최후의 대적이 정복되고 죗값이 지급되었으며 생명이 약속된 조건이 충족되었다는 성부의 선언이다. ② 예수 그리스도의 신비적 몸의 지체들에게 장차 일어날 일곧 칭의, 신생, 미래의 복된 부활을 상징한다.[160] ③ 이들의 칭의, 중생, 최후의 부활과 도구적으로 연결되어 있다.[161]

둘째, 예수 그리스도의 승천은 제자들에게 그의 사심을 나타내신 후에 그들을 떠나 하나님 나라로 가신 것을 의미한다. 그 의미는 ① 본향으로 가신 것이다. ② 구속 사역의 완성을 하신 것이다. ③ 하나님 나라의 실존을 증명하는 것이다. ④ 대제사장직을 수행하는 것이다. ⑤ 각 개인에게 구속을 적용하실 성령을 보내시기 위함이다. ⑥ 성도들이 장차 하나님 나라에서 누릴 영광을 미리 보여주는 것이다. ⑦ 성도들의 처소를 예비하러 가신 것이다.

셋째, 예수 그리스도 승귀의 세 번째 단계는 하나님 우편에 앉아계신 것이다. 그 의미는 예수 그리스도가 하늘과 땅의 모든 권세를 공적으로 위임받는 직위에 오르신 것을 뜻한다.

넷째, 예수 그리스도의 마지막 단계는 재림, 곧 유형적으로 영광스러운 귀환이다. 재림의 목적은 ① 의인의 부활을 위함이다. ② 성도의 공중 들림을 위함이다. ③ 어린양의 혼인 잔치를 위함이다. ④ 성도의 상을 위함이다. ⑤ 세상을 심판하기 위함이다.

---

159) 고린도전서 15장 14절
160) 로마서 6장 4절, 5절, 9절, 8장 11절, 고린도전서 6장 14절 등
161) 로마서 4장 25절, 5장 10절, 에베소서 1장 20절, 빌립보서 3장 10절, 베드로전서 1장 3절 등

예수님의 승귀는 장애인과 어떤 연관성이 있는가?

예수님의 승귀 곧 부활, 승천, 하나님 우편에 앉으시고 심판주로서 재림하시는 것은 장애인들에게 어떤 의미가 있게 하는가?

첫째, 예수 그리스도의 부활을 믿는 장애인들에게 고통스러운 삶을 넉넉히 극복하게 하며 나아가서는 의롭다 함을 받고 새로운 몸으로 주님처럼 부활한다는 것이다.[162]

둘째, 예수 그리스도의 승천은 부활의 약속을 받은 장애인들에게 하나님 나라로 데려가신다는 것을 의미하며, 그 증거가 바로 성령의 은혜이다.

셋째, 예수 그리스도가 하나님 우편에 앉아 하늘과 땅의 모든 권세를 가지고 천하만국을 다스리시는 것은 선지자 직과 제사장직과 왕직의 임무를 수행하는 것이다. 즉, 우리에게 보내신 성령을 통하여 진리를 생각나게 하시고 진리 가운데로 인도하시고 우리를 위해 중보 기도하시며 다스리신다는 뜻이다.

넷째, 예수 그리스도의 재림은 세상을 심판하고 환란을 당하는 모든 성도를 구원하기 위함이다. 그날에 믿는 자들이 어린양의 잔치에 참여할 것이며 하나님의 뜻으로 보냄 받아 장애인의 삶을 살았던 사람들 또한 하늘의 상급을 받으며 영원히 왕 노릇을 할 것이다.

이상과 같이 예수님의 승귀는 모든 믿는 자에게 영광이 되며, 하나님 나라에서 영원한 삶을 누리게 하는 메시아의 약속 성취이다.

■ 더 깊은 연구를 위한 질문

장애인이 새로운 몸을 입고 부활하는 것은 언제인가?

---

[162] 로마서 6장 4절

C. 기독론

4장
예수님의 직분과 역할
[장애인에 대한 예언과 사역]

예수님의 직분과 역할은 무엇인가?

예수 그리스도는 하나님과 인간 사이에 유일한 중보자이시며[163] 세 가지 직분 곧 선지자직(the prophetic office), 제사장직(the priestly office), 왕직(the kingly office)을 가지셨다. 선지자직은 하나님의 뜻을 인간에게 전달하는 것이다. 그리고 제사장직은 하나님께 인간의 요구를 대신 드리는 것이며 왕직이란 하나님으로부터 피조물과 성도들을 통치하는 권세를 위임받아 수행하시는 직분이다.

성경에는 하나님과 사람 사이에 중보자는 예수님 한 분밖에 없다고 선언한다. 그렇다면 왜 예수 그리스도 한 분만이 중보자가 될 수 있는가? 그 이유는 다음과 같다.

첫째, 중보자는 반드시 사람이어야 한다. 왜냐하면 중보자는 인간이 받아야 할 죗값, 곧 형벌을 대신 받기 위하여 필요한 것이다.[164] 둘째, 무죄한 인간이어야 한다. 죄인은 다른 사람의 죗값을 지급할 수 없다. 오직 예수 그리스도만 무죄한 인성을 지니신 분이었다. 셋째, 중보자는 반드시 하나님이어야 한다. 구약시대에는 하나님이 사람들에게 동물을 잡아 인간의 죄를 대속하는 제사를 마련해 주셨다. 이것은 모형에 불과한 것으로 하나님의 현현인 예수 그리스도를 예표한 것에 불과

---

163) 디모데전서 2장 5절 : "하나님은 한 분이시요 또 하나님과 사람 사이에 중보자도 한 분이시니 곧 사람이신 그리스도 예수라."
164) 히브리서 2장 14절

하였다.[165]

그렇다면 하나님과 인간 사이에 유일한 중보자이신 예수 그리스도의 세 가지 직분, 곧 선지자직, 제사장직, 왕직과 각각의 역할이 무엇인지 구체적으로 살펴보자.

선지자직은[166] 하나님의 계시를 받아 사물을 보는 자이며 하나님을 위하여 봉사하는 자로서 하나님의 이름으로 말하는 자이다.[167] 좀 더 설명하자면 선지자의 임무는 하나님의 뜻을 백성에게 드러내는 것인데 가르침, 권면, 훈계, 영광스런 약속, 엄한 책망의 형태로 나타난다.

제사장직은[168] 인간을 대표하여 하나님께 제물을 드리며 기도하는 자이다.[169] 보충해서 설명하자면 구약의 제사장은 모형이었고 예수 그리스도만이 유일한 참 제사장이시다. 예수 그리스도는 우리의 죄를 대속하시기 위한 제사를 드리셨을 뿐만 아니라 하나님 앞에서 우리를 위하여 변호하시는 중재 대언의 역할도 하신다.

왕직은[170] 예수 그리스도가 본래부터 가졌던 직분이었으나 인간의 몸을 입고 메시아로서 이 땅에 오셔서 하나님의 뜻을 모두 이루시고 부활 승천하여 하나님 우편에 앉으신 후에 성부로부터 받은 공적인 왕권이다.[171] 그러나 예수 그리스도는 자신이 우주적 왕권을 가지셨음을 이미 말씀하셨다. "예수께서 나아와 말씀하여 이르시되 하늘과 땅의 모든 권세를 내게 주셨으니."[172]

---

165) 히브리서 9장 25절-26절
166) 마태복음 13장 57절, 누가복음 13장 33절
167) 하문호, 『교의신학4: 기독론』, (경기 : 도서출판 그리심, 2000), p.158
168) 히브리서 7장 1절
169) 히브리서 5장 1절
170) 이사야 9장 6절 : "이는 한 아기가 우리에게 났고 한 아들을 우리에게 주신 바 되었는데 그의 어깨에는 정사를 메었고 그의 이름은 기묘자라, 모사라, 전능하신 하나님이라, 영존하시는 아버지라, 평강의 왕이라 할 것임이라."
171) 누가복음 1장 31절-33절 : "보라 네가 잉태하여 아들을 낳으리니 그 이름을 예수라 하라 그가 큰 자가 되고 지극히 높으신 이의 아들이라 일컬어질 것이요 주 하나님께서 그 조상 다윗의 왕위를 그에게 주시리니 영원히 야곱의 집을 왕으로 다스리실 것이며 그 나라가 무궁하리라."
172) 마태복음 28장 18절

예수 그리스도가 통치하시는 왕국은 속죄 사역에 근거하고 있으며 영적 왕국이다. 그리고 그 왕국은 현재적이고 미래적이나 영원히 존재하는 하나님 나라이다.

장애인에 대한 예언과 사역

우리의 유일한 중보자이신 예수 그리스도의 삼중직은 장애인과 어떤 연관성이 있는가?

첫째, 예수 그리스도의 선지자적 사역은 지금도 성령을 통하여 계속 이루어지고 있다. 병이 있거나 장애를 가졌거나 귀신이 들려서 고통당한 사람들을 특별히 찾아가시며 진리를 깨닫게 하시거나 말씀으로 권면 혹은 훈계하신다. 그리고 영광스런 약속과 함께 엄한 책망도 하신다. 예수 그리스도가 차별 없는 복음을 전하신 것처럼 성령도 사람을 차별하지 않으시며 특별히 연약한 사람을 찾아가신다. 그런데 복음 사역을 계승하려고 목회를 하는 교역자들은 누구를 찾아가는가?

오랫동안 많은 교역자가 장애인에 대한 신학적 이해가 부족했던 무지로 말미암아 장애인을 목회와 선교의 대상으로 생각하지 않고 구제와 동정의 대상으로만 제한시켜 생각해 왔다. 따라서 장애인들은 복음의 사각지대에 머물러왔다. 다르게 표현하자면 장애인 선교를 교회의 사명으로 생각하지 않았고, 오직 자기 목회에 집중하여 선택적 사역을 했다. 예수 그리스도의 모범을 쫓고 성령의 말씀에 순종하기보다는 자기 생각을 앞세웠던 것이다. 따라서 장애인 선교의 관점에서 지난 교회 역사를 생각해 볼 때 목회와 선교는 무기력했고 무능력했으며 무관심했던 흑역사였다. 장애인을 사랑하셨던 예수 그리스도의 모범과 성령의 인도하심을 따라야 할 교회는 장애인 선교를 비전 있는 사역으로 회복해야만 한다.

둘째, 제사장으로서 예수 그리스도의 최우선적 사명은 세상 죄를 속하기 위하여 온전한 희생 제사를 드리는 것이었다.[173] 예수 그리스도가 장애인을 사랑하시고 그들의 장애를 고쳐주신 것은 그들에게 하나님의 은혜가 필요하다는 증거이다. 다시 말하자면 장애인도 회개가 필요한 죄인이라는 것이다. 십자가에 달려 돌아가신 예수 그리스도의 대속의 은혜는 장애의 유무를 따져서 제한적으로 베푸시는 것이 아니다. 누구든지 주의 이름을 부르는 자, 곧 하나님의 은혜를 사모하며 죄를 회개하는 자에게 조건 없이 공급되는 은혜이다.[174] 그리고 하나님의 은혜를 입은 모든 장애인은 하나님께 나아갈 자유를 가진다. 그 이유는 장애인 성도가 예수 그리스도를 통하여 하나님께 직접 나아가는 특권을 가졌기 때문이다.

셋째, 왕이신 예수 그리스도는[175] 신자들의 심령과 생활을 살피며 다스리신다. 그리고 개인의 영적 성장과 성화를 이끄실 뿐만 아니라 사회와 민족들의 운명을 주관하신다. 이 말의 의미는 예수 그리스도의 통치가 영적일 뿐만 아니라 우주적이라는 뜻이다. 영적 왕권이라 함은 교회의 머리 되신 그리스도가 그의 교회에 속한 자기 백성의 구원을 완성하기 위하여 통치하는 것을 말한다. 그런데 예수 그리스도의 통치는 속죄 사역에 근거한다. 다시 말하자면 구속적 은혜에 기원하고 있다. 사람이라는 이유만으로 누구나 이 왕국의 시민이 되는 것은 아니라는 것이다. 오직 예수 그리스도의 속죄 사역으로 구속받은 자들만이 하나님 나라에서 살 수 있는 영광과 특권을 누린다. 다르게 표현하자면 성령의 인치심으로 말미암는 영적 이스라엘이 하나님 나라에서 영원히 살 수 있다는 뜻이다. 그리고 예수 그리스도께서 우주적 왕권을 가지셨다는 것은 하늘과 땅의 모든 권세를 가지신 분으로서 세상의 모

---

173) 요한복음 1장 29절 : "이튿날 요한이 예수께서 자기에게 나아오심을 보고 이르되 보라 세상 죄를 지고 가는 하나님의 어린 양이로다."
174) 로마서 10장 13절 : "누구든지 주의 이름을 부르는 자는 구원을 받으리라."
175) 이사야서 9장 6절 : "이는 한 아기가 우리에게 났고 한 아들을 우리에게 주신 바 되었는데 그의 어깨에는 정사를 메었고 그의 이름은 기묘자라, 모사라, 전능하신 하나님이라, 영존하시는 아버지라, 평강의 왕이라 할 것임이라."

든 피조물을 다스리는 것을 의미한다.

그렇다면 지적장애인은 성령의 인침을 받을 수 있을까? 그리고 자신의 의사를 말로 표현하기 어려운 발달장애인이 하나님 나라의 백성이 될 수 있을까? 성경은 "네가 만일 네 입으로 예수를 주로 시인하며 또 하나님께서 그를 죽은 자 가운데서 살리신 것을 네 마음에 믿으면 구원을 받으리라."고 기록되어 있다.[176] 여기서 "입으로 주를 시인한다"는[177] 의미는 반드시 말로 고백해야 한다는 의미가 아니라 하나님의 말씀에 순종하거나 죄를 뉘우치는 고백을 한다는 뜻이다. 그리고 "네 마음에 믿으면 구원을 받는다"는 말씀도 믿음으로 말미암는 구원을 강조하는 뜻이다. 믿음이 하나님의 선물인[178] 것을 생각해 볼 때 구원받는 믿음도 하나님이 주셔야 하는 것으로 성령의 역할이다. 성령의 부르심과 인치심은 누구도 거부할 수 없다. 따라서 불가항력적인 은혜라고 일컫는다. 앞에서 언급한 바와 같이 예수 그리스도는 하늘과 땅의 모든 권세를 가지신 만왕의 왕이시다. 차별 없이 복음을 전하시며 장애인을 누구보다도 사랑하신다. 따라서 예수 그리스도가 장애인을 교회에 초청하라고 명령하셨는데[179] 예수 그리스도의 명령에 순종해야 할 교회는 어떻게 반응을 해야 하는가?

■ 더 깊은 연구를 위한 질문

교회가 장애인의 초청을 외면하는 이유가 무엇인가?

---

176) 로마서 10장 9절
177) 시인하다 : (헬) 호모로게오 (ὁμολογέω)
178) 에베소서 2장 8절-9절 : "너희는 그 은혜에 의하여 믿음으로 말미암아 구원을 받았으니 이것은 너희에게서 난 것이 아니요 하나님의 선물이라 행위에서 난 것이 아니니 이는 누구든지 자랑하지 못하게 함이라."
179) 누가복음 14장 13절 : "잔치를 베풀거든 차라리 가난한 자들과 몸 불편한 자들과 저는 자들과 맹인들을 청하라."

C. 기독론

5장

예수님의 속죄와 대속

[장애인을 위한 사랑과 공의]

"우리가 아직 죄인 되었을 때에 그리스도께서 우리를 위하여 죽으심으로 하나님께서 우리에 대한 자기의 사랑을 확증하셨느니라."[180)
"자기 아들을 아끼지 아니하시고 우리 모든 사람을 위하여 내주신 이가 어찌 그 아들과 함께 모든 것을 우리에게 주시지 아니하겠느냐."[181)

예수님이 인간의 속죄를 위하여 제물이 되신 이유는 무엇일까?

하나님이 세워놓으신 속죄의 법칙 때문이었다. 하나님이 율법을 통하여 말씀해 주신 속죄의 법칙은 "피흘림이 없은즉 사함은 없다"[182)는 것이었다. 죄에 대한 하나님의 공의로운 요구는 죽음이었다. 따라서 구약시대에는 동물 제사를 통하여 인간의 죄를 대속하게 하였으나 이것은 반복되는 것이었고 온전한 제사가 아니었다. 인간 중에도 속죄를 위한 자격을 가진 자가 없었고 하나님 자신으로서도 영광의 보좌에 앉아계신 상태로는 불가능하였다. 따라서 하나님이신 성자 예수님이 인간의 몸을 입고 이 땅에 오셔야 했다.

예수님은 죄가 없는 깨끗한 속죄 제물이었으며, 한 번 드림으로 영원토록 효력이 있는 온전한 제물이었다. 예수 그리스도를 속죄 제물로 내어주신 이유는 하나님이 우리를 사랑하셨기 때문이었다. 그 사랑은

---

180) 로마서 5장 8절
181) 로마서 8장 32절
182) 히브리서 9장 22절, 창세기 3장 21절, 레위기 1장 1절-4절

맹목적이고 무계획적인 사랑이 아니었다. 그 사랑은 영원 전에 세워진 하나님의 기쁘신 뜻이었으며 예정에 기초한 사랑이었다.[183] 앞에서 언급한 바와 같이 죄에 대한 하나님의 공의로운 요구는 죽음이었다. 그러나 죽을 수밖에 없는 버림받은 죄인에게 피할 길을 제공한 것은 하나님의 사랑 때문이었다. 그리고 하나님이 세우신 율법의 요구, 곧 속죄의 법칙은 하나님의 공의에 부합한 것이었다. 이처럼 하나님의 사랑과 공의의 결합이 속죄의 원인이었다.

그렇다면 죗값을 대신 지불하는 속죄의 의미는 무엇인가?

첫째, 지금도 하나님의 자녀가 율법을 지킬 의무를 지고 있다 할지라도, 성경은 율법을 지킴으로서 속죄를 받는다고 가르치지 않고 그리스도의 십자가의 대속의 죽음으로 말미암아 율법의 저주에서 속량을 받았다고 가르친다.[184]

둘째, 하나님이 모세를 통해 주셨던 의무적 율법을 완전히 행하지 못하는 죄로부터 속죄를 받았다. 다시 말하자면, 행위언약 아래에서는 인간이 율법을 지켜 행하게 되면 그 공로로 의롭다 함을 받을 수 있지만 실제로 율법의 요구를 완전히 성취할 수 있는 사람은 아무도 없다.[185]

셋째, 죄책 곧 죄의 세력과 오염으로부터의 구속이다. 예수 그리스도의 대속적 죽음은 모든 불법과 죽음으로부터 우리를 깨끗하고 의롭게 하시는 능력이다.[186]

---

183) 에베소서 1장 3절-7절
184) 갈라디아서 3장 13절 : "그리스도께서 우리를 위하여 저주를 받은 바 되사 율법의 저주에서 우리를 속량하셨으니 기록된 바 나무에 달린 자마다 저주 아래에 있는 자라 하였음이라."
185) 갈라디아서 4장 4절-5절 : "때가 차매 하나님이 그 아들을 보내사 여자에게서 나게 하시고 율법 아래에 나게 하신 것은 율법 아래에 있는 자들을 속량하시고 우리로 아들의 명분을 얻게 하려 하심이라."
186) 로마서 3장 24절 : "그리스도 예수 안에 있는 속량으로 말미암아 하나님의 은혜로 값 없이 의롭다 하심을 얻은 자 되었느니라."

장애인을 위한 사랑과 공의

예수 그리스도의 속죄와 대속은 장애인과 어떤 관련이 있는가?

먼저 죄에 대한 하나님의 공의로운 요구는 모든 죄인을 향한 것이었다. 성경은 "모든 사람이 죄를 범하였으매 하나님의 영광에 이르지 못하더니"[187]라고 말씀하고 있다. 그러므로 장애인 역시 똑같은 죄인이며, 한편으로는 하나님의 공의로운 요구와 사랑의 대상이 되는 것이다. 성경을 보면 예수 그리스도와 장애인의 만남이 상당히 많은 분량을 차지하고 있음을 볼 수 있다. 장애인 역시 제각기 독특한 인격과 자유의지를 갖추고 살아가고 있으며, 죄의 유혹과 그로 말미암은 고통을 겪으며 살아간다. 예수 그리스도가 장애인을 만나 장애를 치유하신 것은 단순히 하나님의 일과 관련된 문제만은 아니었다. 다시 말하자면 장애가 은혜의 도구로만 사용된 것은 아니었다는 뜻이다. 인간의 질병과 마찬가지로 장애 역시 죄의 영향 아래에 있다는 것이다. 그러나 모든 장애가 죄의 직접적인 영향으로 말미암는 소위 불교에서 말하는 업(karma)으로 이해되는 것은 잘못이다.

성경은 인간의 고통과 죄의 궁극적 연관성을 강조하기는 하지만 모든 개별적인 사안에 대하여 양자의 관계를 기계론적으로 동일시하지는 않는다. 예를 들면 예수 그리스도는 장애가 개인의 죄가 문제시될 때는 그것을 지적하셨다. 가령 마가복음 2장의 중풍병자에게는 죄의 문제를 먼저 거론하셨다. 이에 반해 요한복음 9장에 나오는 소경은 죄와 장애를 직접 연결 짓기를 거부하셨다.[188] 그러므로 장애를 개인적인 죄와 연결해서 왈가왈부하기 전에 개인의 고통의 문제에 관심이 있어야 한다. 오히려 장애는 넓은 의미에서 질병과 마찬가지로 세상이 악함으로써 나타나는 고통의 한 단면으로 이해해야 한다. 한편으로 하나님의 사랑은 차별 없는 사랑으로 우리에게 나타났으며, 예수 그리스도

---

187) 로마서 3장 23절
188) 안교성, 『장애인을 잃어버린 교회』, p.42

는 장애인들을 우선적인 사역의 대상으로 생각하셨다.[189] 따라서 모든 병과 장애를 고쳐주시되 지역을 초월하여 메시아 사역을 펼치셨다. 이것은 예수 그리스도가 유대인만의 구주가 아닌 이방인과 장애인을 포함한 온 세계의 구주로 오셨다는 사실을 보여주신 것이다.

예수 그리스도는 차별 없는 하나님의 사랑과 공의를 나타내기 위하여 이 세상에 오신 분이다. 따라서 예수 그리스도의 속죄와 대속 역시 차별 없는 사랑과 공의에 근거한다. 하나님 나라의 초대는 유유상종이라는 집단 이기주의적인 본능이 작동하는 세상의 여느 공동체와는 다르다. 하나님 나라는 배타성이 아니라 포괄성이 주도적인 원리로 작동되는 곳이다. 그러므로 거룩한 공동체에서는 장애인들을 적극 초청하여야 하며, 그들을 통하여 참된 예수 그리스도의 속죄와 대속의 은혜를 누려야 한다.

■ 더 깊은 연구를 위한 질문

교회가 장애인을 초청함으로써 얻는 유익은 무엇인가?

---

189) 마태복음 4장 23절-25절

C. 기독론

6장
예수님의 중보사역과 특징
[장애인을 중보하시는 예수님]

중보자 되신 예수님의 사역은 무엇인가?

예수 그리스도가 중보자로서 제사직을 수행하시는 일은 두 가지로 구분되는데 헌제 사역과 중재 대언 사역이다. 헌제 사역은 자신을 제물로 드리는 사역이며,[190] 우리를 위하여 기도드리시는 중재 대언 사역은 중보 기도 사역이다.[191]

예수 그리스도의 제사적 사역이 구약성경에는 놋 제단에서 수행된 제사 기능과 그 위에 놓인 제물로 상징되었고, 그의 중보 사역은 성소의 금단 위에 날마다 드려진 분향으로 예표되었다. 신약성경에 나타난 예수 그리스도의 중보 사역은 대언자로서 그의 제자들에 대하여 변호와 조언을 하셨고, 이제는 보내신 성령을 통하여 교회 안에서 그 일을 계속하신다.

그렇다면 예수 그리스도의 헌제 사역과 중보 사역은 어떤 특징을 갖고 있는가?

첫째, 예수 그리스도는 참되고 유일하신 대제사장으로서 그 자신이

---

190) 로마서 3장 25절 : "이 예수를 하나님이 그의 피로써 믿음으로 말미암는 화목제물로 세우셨으니 이는 하나님께서 길이 참으시는 중에 전에 지은 죄를 간과하심으로 자기의 의로우심을 나타내려 하심이니." 히브리서 9장 11절-12절 : "그리스도께서는 장래 좋은 일의 대제사장으로 오사 손으로 짓지 아니한 것 곧 이 창조에 속하지 아니한 더 크고 온전한 장막으로 말미암아 염소와 송아지의 피로 하지 아니하고 오직 자기의 피로 영원한 속죄를 이루사 단번에 성소에 들어가셨느니라."

191) 로마서 8장 33절-34절 : "누가 능히 하나님께서 택하신 자들을 고발하리요 의롭다 하신 이는 하나님이시니 누가 정죄하리요 죽으실 뿐 아니라 다시 살아나신 이는 그리스도 예수시니 그는 하나님 우편에 계신 자요 우리를 위하여 간구하시는 자시니라."

제물이 되셨다.[192] 둘째, 구약에서는 5대 제사 곧 번제, 소제, 속죄제, 속건제, 화목제가 있는데 예수 그리스도가 십자가에서 드리신 제사는 이 모든 제사의 의미를 포괄하는 종합적인 제사였다.[193] 셋째, 예수 그리스도가 드리신 제사는 우리의 모든 죄를 영원히 완전하게 씻는 제사였다.[194]

예수 그리스도는 대제사장으로서 중재 사역을 하시는 바 영원토록 끊임없이 그 사역을 감당하고 있다.[195] 그리고 그 중재 사역은 자기 백성을 위하여 십자가에서 완성하신 대속의 공로를 근거로 하늘과 땅의 모든 권세를 받은 왕으로서의 사역이며 결코 실패하지 않는 효과 있는 사역이다.

장애인을 중보하시는 예수님

예수 그리스도의 헌제 사역과 우리를 위한 중보 기도 사역은 누구에게 해당되는가?

예수 그리스도의 중보 사역은 단지 구속적 제사장 사역의 보완이며, 따라서 그 범위는 같다. 예수 그리스도는 그가 대속하신 모든 사람을 위해 중보하시며, 또한 그들만을 위해 중보하신다. 이는 속죄의 제한성으로부터 유추될 수 있고 성경을 통해 알 수 있다.[196] 성경에서 '우리'는 한결같이 신자들을 가리킨다. 더군다나 요한복음 17장에 기록된 대제사장으로서의 기도에서 예수께서는 그의 직계 제자들과 "또 그

---

192) 에베소서 5장 2절 : "그리스도께서 너희를 사랑하신 것 같이 너희도 사랑 가운데서 행하라 그는 우리를 위하여 자신을 버리사 향기로운 제물과 희생제물로 하나님께 드리셨느니라."
193) 루이스 벌코프, 『벌코프 조직신학』, p.205
194) 히브리서 9장 11절-12절 : "그리스도께서는 장래 좋은 일의 대제사장으로 오사 손으로 짓지 아니한 것 곧 이 창조에 속하지 아니한 더 크고 온전한 장막으로 말미암아 염소와 송아지의 피로 하지 아니하고 오직 자기의 피로 영원한 속죄를 이루사 단번에 성소에 들어가셨느니라."
195) 히브리서 6장 20절 : "그리로 앞서 가신 예수께서 멜기세덱의 반차를 따라 영원히 대제사장이 되어 우리를 위하여 들어 가셨느니라."
196) 로마서 8장 34절, 히브리서 7장 25절, 9장 24절

들의 말로 말미암아 나를 믿는 사람들"을[197] 위하여 기도하신다고 말씀하신다. 특히 9절에서는 그의 대제사장적 기도의 제한성에 관하여 매우 명확하게 천명하고 있다. "내가 그들을 위하여 비옵나니 내가 비옵는 것은 세상을 위함이 아니요 내게 주신 자들을 위함이니이다 그들은 아버지의 것이로소이다." 또한, 20절을 볼 때 그는 당시의 신자뿐 아니라 이미 믿었거나 혹은 장래에 언젠가 믿게 될 자를 막론하고 모든 택함을 받은 자들을 위해 중보하심을 알 수 있다.[198] 우리의 중보자이신 예수 그리스도는 자기에게 주어진 사람들 곧 장애 유무와 상관없이 하나하나를 기억하고 계신다는 사실을 성경을 통하여 분명하게 밝히고 있다.[199] 앞에서 언급한 바와 같이 예수 그리스도의 중보 사역은 피조물이 창조주에게 올리는 탄원이 아니라 성자(聖子)가 성부(聖父)에 당당히 요구하는 것이다. 그리고 자기 백성을 위한 중보 기도는 결코 실패가 없다. 왜냐하면 성부께서 항상 성자의 기도를 들으시기 때문이다.

■ 더 깊은 연구를 위한 질문

장애인을 중보하시는 예수님을 통하여 깨달아야 할 점이 무엇인가?

---

197) 요한복음 17장 9절, 20절
198) 루이스 벌코프, 『벌코프 조직신학』, p.647
199) 요한계시록 3장 5절

C. 기독론

7장
예수님의 왕직과 통치
[장애인이 거룩한 백성이 되는가?]

예수님의 왕직(The Kingly Office)이란 무엇인가?

성경은 예수 그리스도는 선지자직과 제사장직을 가지고 있음을 말할 뿐만 아니라 왕직에 대하여도 말하고 있다. 이것은 하나님의 영광을 위하여 또는 하나님의 구원 계획의 실행을 위하여 영적 왕권은 물론 천지 만물을 통치하는 우주적 왕권을 말한다. 예수님의 직분과 역할에서 언급했던 바와 같이 왕직은[200] 예수 그리스도가 본래부터 가졌던 직분이었으나 인간의 몸을 입고 메시아로서 이 땅에 오셔서 하나님의 뜻을 이루시고 하나님 우편에 앉으신 후 성부로부터 받은 공적인 왕권이다.[201] 예수 그리스도는 자신이 우주적 왕권을 가지셨음을 이미 말씀하셨다. "예수께서 나아와 말씀하여 이르시되 하늘과 땅의 모든 권세를 내게 주셨으니."[202] 그리고 예수 그리스도가 통치하시는 왕국은 현재적이고 미래적이나 영원히 존재하는 하나님 나라임을 또한 말씀하셨다.

첫째, 예수 그리스도의 영적 왕직이란 무엇인가?

예수 그리스도의 영적 왕직은 은혜의 왕국, 곧 그의 백성이라고 할

---

200) 이사야 9장 6절 : "이는 한 아기가 우리에게 났고 한 아들을 우리에게 주신 바 되었는데 그의 어깨에는 정사를 메었고 그의 이름은 기묘자라, 모사라, 전능하신 하나님이라, 영존하시는 아버지라, 평강의 왕이라 할 것임이라."

201) 누가복음 1장 31절-33절 : "보라 네가 잉태하여 아들을 낳으리니 그 이름을 예수라 하라 그가 큰 자가 되고 지극히 높으신 이의 아들이라 일컬어질 것이요 주 하나님께서 그 조상 다윗의 왕위를 그에게 주시리니 영원히 야곱의 집을 왕으로 다스리실 것이며 그 나라가 무궁하리라."

202) 마태복음 28장 18절

수 있는 교회의 머리가 되셔서 그 안에 속한 자들을 다스리시는 그의 왕적 통치권을 말한다.[203] 교회의 머리가 되신다는 것은 그리스도와 그의 몸 된 교회 사이의 신비적인 연합을 나타내며, 따라서 존재의 영역에 속한다.[204] 그러므로 그리스도의 영적 왕권은 속죄 사역에 근거하고 있으며 현재적이고 미래적인 영적 왕국이다.

둘째, 예수 그리스도의 우주적 왕직이란 무엇인가?

우주적 왕직은 중보자인 그리스도에게 성부 하나님이 하늘과 땅의 모든 권세를 맡기신 것을 말한다.[205] 우주적 왕직은 그리스도께서 교회의 유익을 위하여 섭리적이고 사법적으로 통치하신다는 의미이다. 즉, 개인과 사회 집단, 민족들의 운명을 그가 자기 피로 구속하신 백성의 영적 성장, 점진적 성화 및 궁극적 완성을 촉진하는 방향으로 이끌어 가신다는 뜻이다. 또한 그의 백성을 세상에서 당하는 온갖 위험으로부터 보호하시며, 모든 대적을 굴복시키고 멸하심으로써 자기의 의를 보전하심을 의미한다.[206] 예수 그리스도의 왕직과 통치는 원수들에 대해 완전히 승리하고 심지어 사망이 철폐되기까지 계속되며 영원할 것이다.

장애인은 예수 그리스도의 거룩한 백성이 될 수 있는가?

먼저, 그리스도의 영적 왕직과 관련하여 생각해 보자. 예수 그리스도가 통치하는 왕국은 구속적 은혜에 기원하고 있다. 다시 말하면 구속의 은혜로 말미암아 왕국의 시민이 되어 영광스런 특권을 누릴 수 있다. 왜냐하면 예수 그리스도가 구속된 그의 백성을 위하여 속전을 지불하셨고 성령으로 말미암아 완전한 희생의 공로를 베푸셨기 때문

---

203) 루이스 벌코프, 『벌코프 조직신학』, p.651
204) 루이스 벌코프, 『벌코프 조직신학』, p.651
205) 마태복음 28장 18절 : "예수께서 나아와 말씀하여 이르시되 하늘과 땅의 모든 권세를 내게 주셨으니."
　　　에베소서 1장 20절-22절, 빌립보서 2장 9절-10절
206) 루이스 벌코프, 『벌코프 조직신학』, p.655

에 거룩한 백성이 되는 것이다. 성령이 베푸시는 은혜는 불가항력적인 것이다. 인간이 요청한다고 해서 성령이 찾아오시는 것도 아니고 거부한다고 해서 물러나시는 것도 아니다. 성령의 은혜는 주권적이며 절대적이다. 따라서 신비적 연합이라고 표현하는 것이다.

예수 그리스도는 장애인을 특별히 사랑하시기에 기꺼이 그들의 고통의 심연에 찾아가길 원하신다. 그러므로 교회는 장애인들이 복음을 들을 수 있도록 그들을 선교와 목회의 대상으로 생각하고 초청해야 한다. 장애인들이 찾아갈 수 없는 교회가 된다면 무언의 배척을 하는 것이며, 보이지 않는 장벽을 설치하여 오지 않도록 하는 것은 악한 행위다. 장애인 선교는 메시아이신 예수 그리스도의 우선적인 관심과 중심이 된 사역이었다.[207] 그러므로 예수 그리스도의 명령에 따라 하나님의 정의와 그의 나라를 위하여 존재하는 교회는 장애인을 초청하여 은혜로운 통치를 받게 해야 한다. 이것은 결코 암중모색해야 할 문제도 아니며, 교회가 여유가 있을 때 하는 선택적 사역도 아니다. 예수 그리스도의 모범에서 알 수 있듯이 장애인 선교와 목회는 교회의 본질적 사역이며 우선적 사역이다. 왜냐하면, 장애인의 치유와 회복을 통하여 예수 그리스도가 은혜로운 나라의 왕이심과 통치하심을 드러내기 때문이다. 다시 말하자면 치유와 회복을 통하여 하나님 나라가 이 땅에 임하였음을 나타낼 수 있기 때문이다.

우리는 교회의 머리가 되신 예수 그리스도가 교회를 통치하신다는 사실을 드러내야 한다. 피조물인 인간이 교회의 머리가 될 수 없으며, 그 백성을 다스릴 수 없다. 이러한 행위는 타락한 사탄이 불법을 저지르는 것과 같다.

예수 그리스도의 은혜는 그야말로 어떠한 조건을 내세우지 않고 오히려 전적인 희생적 사랑에 근거한다. 그러므로 장애인들에게 차별 없

---

207) 마태복음 4장 23절-25절

는 복음을 전해야 한다. 이것이 모든 교회를 통치하시는 만왕의 왕이신 예수 그리스도께서 교회들에 원하시는 것이다.

■ 더 깊은 연구를 위한 질문

교회는 왜 장애인들에게 차별 없는 복음을 전하지 못하는가?

장애 신학
Disability Theology

조직신학으로 이해하는 발달장애인 사역

D. 구원론

1장. 그리스도와의 연합 (장애인이 은혜 언약에 참여할 수 있는가?)
2장. 거듭남의 은혜 (장애인이 거듭날 수 있는가?)
3장. 성령의 역사와 체험 (장애인이 성령을 체험할 수 있는가?)
4장. 성령의 은혜와 회심 (장애인이 회심할 수 있는가?)
5장. 하나님의 부르심과 칭의 (장애인이 믿음과 확신을 가질 수 있는가?)
6장. 성도의 성화 (장애인의 믿음이 성장할 수 있는가?)
7장. 성도의 견인과 영화 (장애인이 믿음 생활을 계속할 수 있는가?)

D. 구원론

1장

그리스도와의 연합

[장애인이 은혜 언약에 참여할 수 있는가?]

"나는 포도나무요 너희는 가지라 그가 내 안에, 내가 그 안에 거하면 사람이 열매를 많이 맺나니 나를 떠나서는 너희가 아무것도 할 수 없음이라."[208]

예수 그리스도와 연합된다는 의미는 무엇인가?

위의 말씀처럼 구원은 그리스도와 신자의 연합된 가운데서 이루어진다. 다시 말해서, 그리스도와 연합되지 않으면 구원을 생각할 수 없다. 하나님이 일반적으로 베푸시는 은혜는 모든 사람이 누릴 수 있지만 특별한 은혜는 그리스도와 연합한 사람들만 누릴 수 있다. 여기서 그리스도와 연합한 사람들이란 예수 그리스도와 더불어 세례를 받은 사람을 말한다.[209]

그렇다면 그리스도와 연합하였다는 의미는 무엇인가?

첫째, 속죄 언약에 의한 연합이다. 속죄 언약이란 삼위일체의 대표자이신 성부 하나님과 피택자의[210] 대표이신 성자 예수님이 인간 구원을 위하여 영원 전에 맺으신 계약을 말한다. 다시 말하자면 피택자의 죄가 그리스도에게 전가되고 그리스도의 의는 피택자들에게 전가되는 것을 말한다. 그리스도의 의가 피택자들에게 전가되는 것을 칭의라고

---

208) 요한복음 15장 5절
209) 로마서 6장 3절, 5절 : "무릇 그리스도 예수와 합하여 세례를 받은 우리는 그의 죽으심과 합하여 세례를 받은 줄을 알지 못하느냐" "만일 우리가 그의 죽으심과 같은 모양으로 연합한 자가 되었으면 또한 그의 부활과 같은 모양으로 연합한 자도 되리라."
210) 피택자 : '택함을 받은 사람'이라는 뜻

하는데 이것은 오직 그리스도와의 연합으로 말미암는다는 것이다.

둘째, 은혜 언약에 의한 연합이다. 은혜 언약은 하나님과 피택자 사이의 구원을 내용으로 하는 언약이다. 아담이 행위언약에서 전 인류의 대표가 된 것같이 그리스도가 은혜 언약에서 피택자들의 대표가 된 것을 말한다. 따라서 아담 한 사람의 범죄로 모든 사람이 죽은 것과 같이 예수 그리스도의 은혜로 생명을 얻게 되는 것이다.

셋째, 구속성취에 의한 연합이다. 구원의 모든 축복이 피택자에게 주어지도록 속죄 언약에서 이미 계획되었으나 그 축복들이 실현되게 된 것은 그리스도가 성육신하시고 십자가에서 구속을 성취하심으로 된 것이다. 그러므로 그리스도의 십자가로 말미암아 그리스도와 피택자의 연합이 객관적으로 실현된 것이다.

넷째, 상호 작용이 내재한 연합이다. 이것은 성령께서 그리스도의 생명을 심어주는 중생 사역을 하실 뿐만이 아니라, 또한 신자로 하여금 날마다 그리스도 안에서 의식적으로 올바른 신앙생활을 할 수 있도록 도우시는 것을 말한다.

그렇다면 그리스도와 연합되는 것이란 실재적으로 어떤 것인가?

첫째, 유기적 연합이다. 이것은 그리스도와 신자가 한 몸을 형성하는 것을 의미한다. 성경에서는 이를 두고 "포도나무와 가지", "몸과 지체", "머리와 몸"이라고 표현하고 있다.[211]

둘째, 생명적 연합이다. 성경은 이것을 다음과 같이 표현하고 있다. "아들이 있는 자에게는 생명이 있고 하나님의 아들이 없는 자에게는 생명이 없느니라."[212] "내가 그리스도와 함께 십자가에 못 박혔나니 그런즉 이제는 내가 사는 것이 아니요 오직 내 안에 그리스도께서 사시는 것이라 이제 내가 육체 가운데 사는 것은 나를 사랑하사 나를 위하

---

211) 요한복음 15장 5절, 고린도전서 6장 15절-19절, 에베소서 1장 22절-23절, 4장 15절-16절, 5장 29절-30절
212) 요한일서 5장 12절

여 자기 자신을 버리신 하나님의 아들을 믿는 믿음 안에서 사는 것이라."[213]

셋째, 성령에 따라 중재된 연합이다. 죄와 허물로 죽었던 우리를 그리스도의 생명에 연합시키는 것을 중생이라고 하는데 이 사역은 성령에 따른 것이라는 말이다.[214]

넷째, 상호 작용이 내재한 연합이다. 이것은 성령께서 그리스도의 생명을 심어주는 중생 사역을 하실 뿐만이 아니라, 또한 신자로 하여금 날마다 그리스도 안에서 의식적으로 올바른 신앙생활을 할 수 있도록 도우시는 것을 말한다.

다섯째, 변형적인 개인의 연합이다. 이것은 성령으로 거듭난 신자가 그리스도와 연합된 것으로서 이 연합에 의하여 타락 후 잃어버렸던 하나님의 형상을 다시 회복하기 시작하여 성화 가운데 점점 그리스도의 형상을 닮아가는 것을 말한다.

장애인이 은혜 언약에 참여할 수 있는가?

이상에서 살펴본 바와 같이 성도는 그리스도와 연합한 사람으로서 성령의 은혜 속에 살아가는 사람이다. 그렇다면 장애인은 은혜 언약에 참여할 수 있는가? 당연히 그렇다.

인간론 7장의 은혜 언약에서 이미 언급한 바와 같이 은혜 언약은 모든 사람에게 해당하는 보편적인 약속이다. 적어도 아브람의[215] 시대에 이르기까지는 하나님이 언약의 당사자를 제한하셨다는 어떠한 증거도 보이지 않는다. 그러나 시간이 지남에 따라 은혜 언약이 모든 인류를 포괄하지 않는다는 사실이 분명해졌다. 왜냐하면 하나님이 공식적으로 아브람과 언약을 맺으셨을 때, 하나님은 그것을 아브람과 그의 후

---

213) 갈라디아서 2장 20절
214) 요한복음 3장 5절
215) 아브라함을 지칭함

손에게 제한시켰기 때문이다.[216] 그러므로 은혜 언약의 대상은 하나님이 선택한 자들 또는 그리스도 안에서 선택을 받은 죄인들과 언약 관계를 맺었다고 보는 것이 올바르다 할 것이다.

하나님이 아브람과 맺은 언약을 잠시 살펴보면 동물을 양쪽으로 쪼개어 놓고 맺는 언약이었다.[217] 이것의 의미는 계약에 있는 약속을 어기면 자신의 몸도 갈라지게 된다는 것을 말한다. 따라서 '피로 맺은 약속(bond-in-blood)' 혹은 '삶과 죽음의 약속'이라고 표현할 수 있다. 구약성경에는 "언약을 체결한다"로 번역되는 구절은 문자적으로 "언약을 자른다(히/카라트 바리트)"이다. 이것은 구약성경 전체에 뚜렷하게 나타난다. 이것은 "피흘림이 없이는 죄사함도 없다"는[218] 히브리서의 강조점과 잘 들어맞는다.

여기서 두 가지 사실을 알려주고 있다.

첫째, 아브람은 하나님과의 언약 시 깊은 잠을 자고 있었다.[219] 그리고 하나님이 일방적으로 언약을 체결하시는 장면을 성경은 기록하고 있다. 이것은 아브람의 선택과 언약이 하나님의 은혜로 말미암는 것임을 드러내 준다. 다시 말해서 하나님이 아브라함을 언약의 당사자로 인정하셨지만, 언약을 지킬 존재가 되지 못한다는 의미를 내포하고 있다. 따라서 은혜 언약은 그야말로 당사자에게 어떤 조건도 요구하지 않는 은혜로운 계약인 것이다.

둘째, '피로 맺은 약속' 혹은 '삶과 죽음의 약속'을 통하여 그리스도의 죽음이 예언적 죽음을 넘어서 언약적 죽음의 맥락에서 이해되어야 한다는 것이다. 즉, 그리스도의 죽음은 언약 파괴자를 대신한 대속적

---

216) 창세기 17장 7절 : "내가 내 언약을 나와 너 및 네 대대 후손 사이에 세워서 영원한 언약을 삼고 너와 네 후손의 하나님이 되리라."
217) 창세기 15장 17절 : "해가 져서 어두울 때에 연기 나는 화로가 보이며 타는 횃불이 쪼갠 고기 사이로 지나더라."
218) 히브리서 9장 22절
219) 창세기 15장 12절 : "해 질 때에 아브람에게 깊은 잠이 임하고 큰 흑암과 두려움이 그에게 임하였더니", 창세기 17절-18절 : "해가 져서 어두울 때에 연기 나는 화로가 보이며 타는 횃불이 쪼갠 고기 사이로 지나더라 그 날에 여호와께서 아브람과 더불어 언약을 세워 이르시되."

인 죽음이었다는 것이다.[220] 따라서 사도 바울은 "우리가 아직 죄인 되었을 때에 그리스도께서 우리를 위하여 죽으심으로 하나님께서 우리에 대한 자기의 사랑을 확증하셨느니라."고 말했다.[221] 이처럼 하나님의 사랑으로 예수님과 연합되어 의롭다 칭함을 받는 것은 오직 예수 그리스도의 은혜로 말미암은 것이다.[222] 사람의 그 어떤 공로도 은혜 언약의 조건이 될 수 없으며 오직 예수 그리스도의 은혜를 믿는 사람에게 주어지는 특별한 은혜이다. 따라서 은혜 언약은 무조건적이라고 할 수 있다. 그러므로 장애가 있다 할지라도 예수 그리스도는 은혜를 받을 자를 찾아 그에게 특별한 은혜를 베푸신다.[223]

예수 그리스도와의 연합은 앞에서 언급한 바와 같이 신비로운 연합이다. 바울은 예수 그리스도와의 신비로운 연합을 남자와 여자 사이에 존재하는 것과 비교한 후에 다음과 같이 말했다. "이 비밀이 크도다. 나는 그리스도와 교회에 대하여 말하노라."[224] 이처럼 은혜 언약에 참여한 장애인들도 그 은혜를 즐거워하고 기뻐하며, 그 은혜 때문에 천국 소망을 갖고 고통스러운 장애의 삶을 넉넉하게 극복한다.

■ 더 깊은 연구를 위한 질문

중증장애인이 은혜 언약의 대상자가 되었다는 것을 어떻게 알 수 있는가?

---

220) 팔머 로버트슨, 『계약신학과 그리스도』, p.21
221) 로마서 5장 8절
222) 로마서 3장 24절 : "그리스도 예수 안에 있는 속량으로 말미암아 하나님의 은혜로 값 없이 의롭다 하심을 얻은 자 되었느니라."
223) 마태복음 9장 18절-22절
224) 에베소서 5장 32절

D. 구원론

2장

거듭남의 은혜

[장애인이 거듭날 수 있는가?]

'거듭난다'는 것은 어떤 의미인가?

'거듭난다'라는 말은 '중생' 곧 '다시 태어난다'는 뜻이다. 성경에서 사용된 '사람이 거듭나지 아니하면'이라는 말은 'to be born again'로 번역되었는데[225] 이것에 대한 의미는 "새 생명의 원소가 인간에게 심어지고 영혼의 지배적인 성향이 거룩하게 되는 하나님의 행위"라는 것이다.[226] 부언하자면 거듭남은 하나님의 창조적 사역으로서 영혼의 지배적인 성향이 변화된다는 것이다. 즉, 죄와 허물로 죽었던 영적 생명이 성령의 은혜로운 행위로 말미암아 영적 생명이 다시 살아나는 것을 의미한다. 예수 그리스도는 영혼이 거듭나야 하는 이유를 하나님 나라를 보는 것과 들어가기 위함이라고 말씀해 주신다.[227]

모든 사람은 근본적으로 죄로 말미암아 전적으로 부패했으며, 이로 말미암아 전적으로 무능하게 되었음을 성경은 말해주고 있다. 따라서 죄와 허물로 죽은 모든 사람은 자신의 힘과 능력으로는 선을 행할 수 없고, 더군다나 하나님과 교제하는 것은 물론 예수 그리스도를 영접하여 믿을 수도 없다는 것이다.[228] 또한 하나님 나라를 볼 수 없는 것은 물론이거니와 하나님 나라에 들어갈 수도 없다는 것이다.

---

225) 요한복음 3장 3절, 베드로전서 1장 23절, 디도서 3장 5절
226) 루이스 벌코프, 『벌코프 조직신학』, p.718
227) 요한복음 3장 3절, 5절
228) 요한복음 1장 12절-13절, 요한일서 5장 1절

거듭남은 구원받은 모든 사람에게 반드시 있어야 할 성령의 역사인데 어떤 변화인가?

첫째, 거듭남은 근본적인 변화이다. 이것은 죄와 허물로 죽은 영적 생명을 살려내는 일로서 영혼의 지배적인 성향을 근본적으로 변화시키는 것이다.

둘째, 거듭남은 즉각적인 변화이다. 이것은 병에서 회복되는 것처럼 점진적으로 회복과 같은 개념이 아니라 죽은 것이 살아나는 즉각적인 변화이다.

셋째, 거듭남은 잠재 의식적 변화이다. 이것은 거듭남이 사람이 의식할 수 있는 것이 아니라 신비로운 것이어서 지각할 수 없고, 다만 회개와 믿음이라는 결과를 통해 알 수 있는 변화라는 것이다.[229]

넷째, 거듭남은 하나님의 단독 사역에 의한 변화이다. 이것은 사람의 노력이나 협력도 필요하지 않은 오직 성령 하나님의 직접적인 사역이라는 것이다.[230] 그러나 성령은 이러한 변화를 위하여 사람의 지성을 매개로 사용하실 뿐만 아니라 인간 의지에 직접 역사하신다.[231]

다섯째, 거듭남은 불가항력적 변화이며 취소될 수 없다. 이것은 거듭남의 은혜를 사람이 거부하거나 취소할 수 없는 것임을 말한다. 사람이 세상에 태어나는 것을 의지로 거부할 수 없듯이 거듭남도 마찬가지이다. 그리고 하나님의 은혜로운 선택은 결코 실패하거나 무효로 취소될 수 없다는 것이다.

장애인은 거듭날 수 있는가?

장애인은 거듭남의 은혜를 받을 수 있는가? 당연히 거듭남의 은혜를 받을 수 있다.

---

229) 요한복음 3장 8절
230) 에스겔서 11장 19절, 요한복음 1장 13절, 로마서 9장 16절, 빌립보서 2장 13절
231) 루이스 벌코프, 『벌코프 조직신학』, p.723

그 이유는 다음과 같다.

첫째, 죄와 허물로 죽은 자들을 구원하는 것은 예수 그리스도의 사역이다. 예수 그리스도는 의인을 부르러 온 것이 아니라 죄인을 부르러 왔다고 말씀하셨다.[232] 장애인도 근본적으로 전적으로 부패하고 무능한 죄인으로서 하나님의 은혜가 있어야 하는 존재이다. 장애를 가졌다는 이유로 외면당하지 않는다. 오히려 하나님의 관심과 주목의 대상이 된다.

둘째, 거듭남의 은혜를 베푸는 것은 성령의 주권적인 사역이다. 따라서 사람이 거부할 수 없는 불가항력적 변화의 역사다. 사람의 인격이나 외모, 그리고 공로를 전제로 구원의 은혜를 베푸시지 않는다. 오직 삼위 하나님의 영원하신 계획에 의하여 자신의 영광을 위하여 작정하신 때와 자기 뜻에 따라 사람을 부르시는 것이다. 하나님의 부르심은 사람의 부족함과는 전혀 상관이 없다. 오히려 하나님은 죄인을 사랑하시고 찾으신다.

셋째, 거듭남은 하나님의 단독 사역이라고 앞에서 언급했다. 이것은 사람의 노력이나 협력이 필요하지 않은 오직 성령 하나님의 직접적인 사역이며, 거듭남의 변화를 위하여 사람의 지성을 매개로 사용하실 뿐만 아니라 인간 의지에 직접 역사하신다고 말했다. 그러므로 장애인의 거듭남의 변화를 위해서 장애인들로 하여금 생명의 복음을 듣게 하고 하나님의 은혜를 경험하는 예배의 자리에 나오게 하는 것이 매우 중요하다. 왜냐하면, 성령 하나님은 진리의 영이시며 말씀과 함께 역사하시기 때문이다.[233]

거듭남의 은혜는 하나님의 특별한 은혜로서 모두에게 임하는 일반적인 은혜는 아니다. 그리고 인종과 민족, 그리고 죄의 많고 적음이나 장애가 있고 없음과 관계없이 성령 하나님이 주권적으로 역사하시는

---

232) 마태복음 9장 13절
233) 요한복음 14장 26절, 16장 13절-14절, 사도행전 2장 17절-21절, 10장 44절-48절

것이다. 아무리 인지능력이 부족하고 표현능력이 없는 장애인이라 할지라도 성령 하나님의 은혜 베푸심을 그 누구도 막지 못하며 거역하지도 못한다.

■ **더 깊은 연구를 위한 질문**
중증장애인이 '거듭났다'는 것을 어떻게 알 수 있는가?

D.
구원론

3장

성령의 역사와 체험

[장애인이 성령을 체험할 수 있는가?]

성령의 은혜란 무엇인가?

성경은 창조와 구원 사역에는 일정한 경륜이 있다는 것을 가르치고 있다. 삼위 하나님의 구원 사역과 관련하여 간단하게 설명하자면 성부 하나님은 구원을 계획하시고, 성자 하나님은 그 계획을 성취하시고, 성령 하나님은 그 계획을 적용하시는 분이시다. 삼위 하나님은 인격과 능력에서는 같지만 직임과 사역에서는 각기 다르며, 온전한 협력으로 구원 사역을 완성하신다. 성령은 구원 사역에서 특별한 은혜의 수혜자를 정하실 뿐만 아니라 은혜의 수혜자가 거룩함을 온전히 회복하도록 지속해서 이끌어 주시는 성화 사역도 하신다.

예수 그리스도는 하나님의 공의로운 요구를 모두 성취하셨고, 모든 구원의 복에 합당한 공로를 세우셨다. 하지만 예수 그리스도의 사역은 아직 끝나지 않았다. 지금도 하나님 보좌 우편에 앉으셔서 그 사역을 계속하신다. 사실 구원을 적용하는 사역도 예수 그리스도의 사역이라 볼 수 있다. 다만 이것은 성령을 매개로 하여 성취하시는 사역이다.

구원을 적용하는 사역이 구원의 경륜에서는 성령의 사역으로 부각되고 있지만, 결코 예수 그리스도의 사역과 분리될 수 없다. 왜냐하면, 구원 사역이 예수 그리스도의 구원 사역에 근거하여 이를 완성하며 구원 주체들의 협력 없이는 수행될 수 없기 때문이다. 예수 그리스도가 이들의 밀접한 관계를 말씀해 주셨다. 그러나 "진리의 성령이 오시면 그가 너희를 모든 진리 가운데 인도하시리니 그가 스스로 말하지 않고 오직 들은 것을 말하며 장래 일을 너희에게 알리시리라 그가 내 영광을 나타내리니 내 것을 가지고 너희에게 알리시겠음이라."[234]

한편 예수 그리스도는 구원 사역을 위하여 진리의 영이며 하나님의 자녀를 돕는 보혜사 성령이 오실 것을 말씀하고 있다.[235]

하나님의 은혜를 공급하시는 분으로서의 성령은 보통 은혜와 특별 은혜를 필요에 따라 주신다. 구원과 관련해서 생각해 볼 때 보통 은혜는 죄인이 회개하고 신앙생활을 할 수 있게 하지만 죄를 제거하거나 죄에서 해방하지는 못한다. 다만 죄가 밖으로 나타나는 것을 억제하고 도덕과 예의를 지키게 하며 질서를 따르게 하는 데 도움을 준다. 반면에 특별은혜는 초자연적이고 영적인 것으로서 죄책과 죄의 부패를 제거하고, 법적인 책임으로부터 해방한다.[236] 무엇보다도 성령의 특별 은혜는 죄인을 예수 그리스도 안에 있는 새로운 삶으로 인도하신다. 따라서 특별 은혜의 수혜자는 예수 그리스도 안에서 세상이 줄 수 없는 약속된 평안을 누리게 된다.[237]

장애인은 성령이 주시는 은혜를 체험할 수 있는가?

당연히 그렇다. 먼저 보통 은혜의 수단을 생각해 보자. 가장 근본적인 것이 하나님의 계시의 빛이다. 자연 만물을 통하여 그리고 양심을 통하여 창조주 하나님의 섭리를 깨닫게 하신다. 그리고 국가를 통치하는 정부를 통하여 도덕과 질서를 따르게 함으로써 하나님의 역사를 깨닫게 하신다.[238] 그 외에도 죄를 지으면 벌을 받고, 선을 행하면 보상을

---

234) 요한복음 16장 13절-14절
235) 요한복음 14장 16절-18절, 26절
236) 루이스 벌코프, 『벌코프 조직신학』, p.685
237) 요한복음 14장 27절 : "평안을 너희에게 끼치노니 곧 나의 평안을 너희에게 주노라 내가 너희에게 주는 것은 세상이 주는 것과 같지 아니하니라 너희는 마음에 근심하지도 말고 두려워하지도 말라."
238) 로마서 13장 3절-4절 : "다스리는 자들은 선한 일에 대하여 두려움이 되지 않고 악한 일에 대하여 되나니 네가 권세를 두려워하지 아니하려느냐 선을 행하라 그리하면 그에게 칭찬을 받으리라 그는 하나님의

주시는 하나님의 손길을 통해서도 섭리를 깨닫게 하신다는 것이다.[239] 장애인이라고 해서 예외가 될 수 없다. 왜냐하면, 보통 은혜는 모든 사람을 대상으로 베푸시는 은혜이기 때문이다. 하지만 특별 은혜는 제한적이다. 앞에서 언급한 바와 같이, 초자연적이고 영적인 것으로서 죄책과 죄의 부패를 제거하고 법적인 책임으로부터 해방하며 예수 그리스도 안에 있는 새로운 삶으로 인도하시는 특별 은혜는 그야말로 특별하게 구별해서 베푸시는 은혜다.

성령의 역사는 앞장에서도 설명한 바와 같이 사람의 노력이나 협력도 필요하지 않은 오직 성령 하나님의 단독적인 사역이다. 오직 각 사람의 변화를 위하여 그 사람의 지성을 매개로 하며 인간 의지에 직접 역사하신다. 여기서 지성이란 각 사람이 가진 인식하고 판단하는 오성적 능력이나 정신의 기능을 말하는데, 최소한의 지성뿐만 아니라 잠재적 인식과 본능까지도 사용하신다. 그리고 성령은 장애인이 복음을 듣고 진리를 깨닫게 하며 주위의 사랑을 받으면서 하나님의 참사랑을 깨닫게 하신다.

개인이 성령의 은혜를 체험하는 것은 주관적이며 일반화시켜서 증명하는 것은 위험한 일이라 생각된다. 그러나 교회에 출석하는 장애인들의 밝은 표정과 적극적인 믿음의 행동 및 신앙생활에서 나타나는 변화된 모습을 보면서 성령의 은혜를 체험하지 않았을까 하고 기대하게 하고 소망하게 한다. 더 나아가서는 장애인의 변화된 모습을 통하여 가족 구성원과 주위 사람들이 변화되는 것을 보게 된다.

장애인 교회학교에서는 이런 변화가 빈번하게 나타나고 있다. 따라서 장애인 교회학교에서 장애인을 섬기는 교사들은 이구동성으로 "내가 장애인에게 준 것보다 받은 은혜가 훨씬 많다"고 고백한다. 이렇듯

사역자가 되어 네게 선을 베푸는 자니라 그러나 네가 악을 행하거든 두려워하라 그가 공연히 칼을 가지지 아니하였으니 곧 하나님의 사역자가 되어 악을 행하는 자에게 진노하심을 따라 보응하는 자니라."
239) 루이스 벌코프, 『벌코프 조직신학』, p.691

이 성령의 은혜 베푸심과 체험의 역사는 내적인 변화와 함께 외적인 변화로 나타나며, 개인적으로 혹은 집단으로 나타나기도 한다.

장애인이 성령을 체험할 수 있는가? 라는 질문은 매우 어리석은 질문이라고 할 수 있다. 왜냐하면, 근본적으로 성령의 은혜 베푸심은 주권적이며 불가항력적이기 때문이다. 그리고 누구도 성령의 역사를 거부할 수 없으며 제한시킬 수 없기 때문이다.

■ **더 깊은 연구를 위한 질문**

중증장애인이 성령을 체험한 것을 어떻게 알 수 있는가?

D. 구원론

4장
성령의 은혜와 회심
[장애인이 회심할 수 있는가?]

회심(Conversion)이란 무엇인가?

사람이 거듭나는 것에서 필연적으로 일어나게 되는 변화는 회심이다. 회심이란 거듭남으로써 심어진 새 성향에 의하여 삶의 방향이 180도 전환하는 것을 의미한다. 즉, 세상과 죄악을 향하여 살던 옛 생활에서 돌이켜 하나님의 말씀을 따라 살고자 하는 방향 전환이 일어나는데 이것이 회심이다.[240]

회심은 두 가지 요소를 가지고 있다. 첫째는 죄로부터 돌이키는 회개다. 둘째는 하나님께로 향하는 신앙이다. 회개와 신앙은 별다른 변화가 아니라 한 변화의 양면이다. 회개가 과거와 관련이 되어 있다면 신앙은 미래와 관련이 되어 있다. 그리고 회개가 성화와 관련되어 있다면 신앙은 칭의와 관련되어 있다. 정리하자면 회심은 성령의 특별한 은혜로 말미암는데 거듭남과 효과적인 부르심 때문에 일어나는 것이다.

구약성경에서는 회심을 "돌이키다, 돌아서다, 돌아오다"라는 의미로 사용되고 있고 신약성경에는 "안다"라는 의미로 사용되고 있는데, "때 늦은 것을 알고" 마음에 변화를 일으키는 것을 나타낸다.[241] 성경에서 좋은 예를 찾자면 탕자의 비유라고 할 수 있다.

---

240) 하문호, 『기초 교의신학, 구원론』, (서울 : 삼영서관, 1983), p.227
241) 루이스 벌코프, 『벌코프 조직신학』, p.730

회심의 내용을 살펴보면 다음과 같다.

첫째, 이스라엘이 죄로 말미암아 하나님의 진노를 경험하고 회개한 민족적 회심이다. 둘째, 개인이 회심할 때 참된 회개가 아니라 잠시 돌이키는 일시적 회심이다. 셋째, 진정한 회심이다. 이것은 하나님의 뜻대로 하는 근심에서 나오며 하나님께 헌신하는 생활을 하게 하는 것이다.[242] 넷째, 반복적 회심이다. 이것은 회심한 사람이 죄의 길에 빠진 후 다시 하나님께 돌아오는 것이다.

그렇다면 회심의 특징은 무엇일까?

회심이란 구원 과정의 일부이지만 유기적으로 다른 부분과 긴밀하게 연관되어 있다. 회심을 일으키는 주체는 하나님이시며 율법에 따라 회개하게 하시며 복음에 의하여 신앙을 갖게 하신다.[243] 그런데 구속과 관련된 성령의 은혜는 왜 회심이 전제되어야 하며 그 특징은 무엇일까?

첫째, 재창조의 역사이기 때문이다. 칭의가 신분의 변화를 위함이라면, 회심은 심령의 내부 상태의 변화를 가져오기 때문이다. 부연해서 설명하자면 거듭남, 곧 중생이 새 생명의 씨앗을 심는 것이면, 회심은 그 씨를 싹트게 해서 자라도록 하는 일이다.

둘째, 의식적 변화이다. 거듭남이 잠재의식 속에서 일어나는 변화인 것과는 달리 회심은 의식이 있는 상태에서 일어나는 변화이다. 그럼에도 회심은 거듭남이 있었기 때문에 일어나는 변화이다.

셋째, 생활의 변화이다. 이것은 인생을 살아가는 근본적인 생활의 변화인데 세상과 죄악을 따르는 것이 아니라 하나님의 뜻과 영광을 구하는 삶으로의 변화이다.

넷째, 단회적 회심과 반복적 회심이다. 이것은 앞에서 언급한 바와 같이 회심한 사람이 죄의 길에 빠진 후 다시 하나님께 돌아오는 반복

---

242) 고린도후서 7장 10절
243) 시편 85편 4절, 예레미야서 31장 18절, 사도행전 11장 18절, 시편 19편 7절, 로마서 10장 17절

적인 회심이다.

다섯째, 율법적 회심과 복음적 회심이다. 회심은 회개와 신앙을 포함한다는 것을 이미 밝혔다. 여기서 회개는 율법을 통하여 이루어지고, 신앙은 복음을 통하여 이루어진다고 말할 수 있는데, 그렇다면 회심은 반드시 율법적 요소와 복음적 요소 모두를 통하여 이루어진다고 할 수 있다. 그런데 회심이 필요한 이유는 무엇인가? 그 이유는 하나님 나라에 들어가기 위한 절대적 전제조건이기 때문이다. 예수 그리스도는 하나님의 백성이 되는 조건을 다음과 같이 말씀하고 있다. "이르시되 진실로 너희에게 이르노니 너희가 돌이켜 어린아이들과 같이 되지 아니하면 결단코 천국에 들어가지 못하리라."[244]

이것은 하나님 나라를 다스리시는 예수 그리스도의 절대적 선언이다. 이 선언의 핵심인 "돌이켜"라는 의미는 앞에서 언급한 바와 같이 죄로부터 돌이키는 회개와 하나님께로 향하는 신앙을 말한다.

장애인이 회심할 수 있는가?

먼저 우리가 생각해야 할 것은 회개가 죄에 대한 인식과 감정과 의지의 변화라면, 회심은 심령의 변화이며 성령의 내적 부르심의 직접적인 결과이다. 회심은 죄인이 자력으로 죄를 깨닫고 하나님께 돌아가는 것이 아니라 성령의 은혜로 깨닫고 하나님이 원하시는 삶으로의 변화를 추구하는 것이다. 성령에 따른 구원의 신앙은 크게 두 가지로 구별된다. 하나는 심령 안에서 일어나는 진리의 복음에 대한 확신이다. 그리고 또 하나는 예수 그리스도 안에 있는 하나님 약속에 대한 진실한 신뢰와 의존이다.

앞에서 언급한 바와 같이 변화된 이후의 삶은 신앙생활로 이어진다. 첫째는 하나님의 말씀 곧 진리를 배우는 것을 기뻐하는 것이다. 둘째

---

244) 마태복음 18장 3절

는 진리에 대한 확신이다. 셋째는 진리에 대한 분량으로서 더욱 깊이 알아간다는 것이다.

성령의 은혜를 체험하고 심령에 변화를 받은 장애인들은 앞에서 언급한 세 가지 변화를 뚜렷하게 나타내고 있다. 예를 들자면 진리를 배우는 것을 기뻐한다는 것을 반증해주는 것으로 주일예배를 간절하게 기다리며 무척 좋아한다는 것이다. 결석하지 않고 교회에 출석하거나 추운 겨울 날씨도 마다치 않고 일찍 와서 예배를 기다리는 삶의 변화를 무슨 말로 설명할 수 있겠는가? 그리고 진리를 배우고 그것을 지켜나가는 확신과 실천은 교사도 혀를 내두를 정도이다.

인지가 부족해서 많은 양의 지식을 갖고 그것을 활용하는 데는 서툴지만 중요한 가르침은 오랜 시간이 지나도 절대 잊어버리지 않고 간직할 뿐만 아니라 그것을 평생 지키며 실천하려고 한다.

마지막으로 진리를 더욱 깊이 알아간다는 증거는 과제를 성실하게 실행하는 것뿐만 아니라 하나님 말씀에 대한 질문이 많고 배우는 것을 무척 좋아한다는 것이다. 무엇보다도 평생 교회 출석을 하며 은혜를 사모하는 태도를 볼 때 성령의 은혜를 체험하지 않았나 하는 생각이 들게 한다. 끝으로 생각해 보는 것은 장애인들이 예배 중에 진심 어린 마음으로 눈물이 담긴 기도를 한다는 것이다. 진심이 담긴 회개의 눈물은 내적 변화의 반증으로 이해될 수 있다. 여기서 필자가 말하고자 하는 의도는 장애인이 구원받았다는 사실을 확인하려는 것이 아니라 장애인도 구원받을 수 있다는 사실을 말하고자 하는 것이다.

근본적으로 율법과 복음은 모든 사람에게 필요한 것이며 앞장에서 언급한 바와 같이 성령은 국적과 성별과 나이와 장애 유무와 인지능력과 상관없이 은혜를 베푸신다. 말로 표현할 수 없는 구원의 은혜가 임하면 회심의 결과로 말미암아 장애의 한계를 뛰어넘는 감동을 경험하고 삶의 변화를 추구하게 된다.

■ **더 깊은 연구를 위한 질문**
중증장애인이 회심한 것을 어떻게 알 수 있는가?

D. 구원론

5장
하나님의 부르심과 칭의
[장애인이 믿음과 확신을 가질 수 있는가?]

하나님의 부르심(Calling)이란 무엇인가?

하나님의 부르심, 곧 소명을 구원론적 입장에서 정의하자면 "예수 그리스도에 의하여 준비된 구원을 믿음을 통하여 받으라고 사람들을 초청하는 하나님의 은혜로운 행위"라고 할 수 있다.[245] 하나님의 부르심은 일반적으로 외적 소명(보편적 소명)과 내적 소명(특별 소명)으로 구분하는데, 쉽게 표현하자면 외적 소명은 말씀을 통하여 구원에로의 초대를 받으나 구원의 신앙이 생기지 않는 부르심이라면, 내적 소명은 말씀을 통하여 구원에로의 초대를 받을 때 구원의 신앙이 생기는 소명을 말한다. 따라서 이러한 두 가지 소명은 성령의 사역으로서 존재에 의한 구분이 아니라 거듭나는 결과에 의한 구분이다. 예수 그리스도는 위의 내용을 "청함을 받은 자"와 "택함을 입은 자"로 표현하셨다.[246] 그리고 택함을 입은 사람을 거룩한 하나님의 백성, 곧 성도라고 말한다.

그렇다면 내적 부르심의 특징은 무엇일까?

첫째, 도덕적 설득과 성령의 강력한 사역이 결합하여 일어난다. 쉽게 설명하면 성령이 하나님 말씀을 통하여 도덕적 설득의 방식으로 역사하되 그 설득이 효과적으로 적용되게 하신다는 것이다.

둘째, 성령은 진리에 대한 영적 통찰력을 오성에 부여하고 오성을

---

245) 하문호, 『기초 교의신학』, p.190
246) 마태복음 22장 14절

통해 의지에 효과적으로 영향을 주어 죄인이 하나님께 돌아오게 한다는 것이다.

셋째, 내적 부르심은 목적론적인 성격을 가지고 있는데, 성령께서 선택하신 자를 예수 그리스도와 교제하도록 하며 궁극적으로 하나님 나라와 영광을 받도록 하는 것이다. 그렇다면 내적 부르심과 칭의는[247] 어떤 관련이 있는가? 이것은 논리적 순서에 불과하다. 예를 들자면 하나님 말씀으로 외적 부르심이 있다면(유아나 중증장애인은 예외) 그것이 내적 성향을 변화시켜 하나님의 초청에 응하게 되는 효과적인 부르심이 된다는 것이다. 이것이 곧 거듭남이며 중생이다. 다르게 표현하자면 하나님의 은혜로 죄인이 구원받은 것을 두고 '칭의' 곧 '의롭게 되었다'고 표현한다.

장애인은 하나님의 부르심을 받고 믿음과 확신을 할 수 있는가?

앞에서 살펴본 바와 같이 외적 소명(보편적 소명)은 구원으로 이끄시려고 하는 복음을 통한 하나님의 진정한 권면이다. 이것은 모든 사람에게 열려있는 하나님의 초청이다. 예수 그리스도는 제자들에게 다음과 같이 말씀하셨다. "또 이르시되 너희는 온 천하에 다니며 만민에게 복음을 전파하라 믿고 세례를 받는 사람은 구원을 얻을 것이요 믿지 않는 사람은 정죄를 받으리라."[248] 이 외적 소명, 곧 하나님의 부르심은 선택받은 자나 선택받지 못한 자를 차별하지 않고 누구에게나 올 수 있다는 것이다. 다시 언급하자면 이 소명이 택한 백성에게만 국한되지 않는다는 사실은 혼인 잔치의 비유에서 택함 받지 못하고 청함만 받은 자가 있다는 사실에서 알 수 있다.[249] 그러므로 장애인도 하나님의 초청을 받을 수 있도록 교회는 열린 마음을 가져야 한다. 이미 예수

---

247) 칭의 : 하나님에 의하여 인간의 죄와 책임으로부터 벗어나게 되어 의로워진 행위
248) 마가복음 16장 15절-16절
249) 마태복음 22장 2절-14절

님께서는 혼인 잔치에 형제와 친척과 부자를 구별하여 초청하는 것을 못마땅하게 여기시고 이것을 대체하는 의미에서 "잔치를 베풀거든 차라리 가난한 자들과 몸 불편한 자들과 저는 자들과 맹인들을 청하라"고 말씀하셨으며[250] 교회는 차별하지 않는 복음의 정신과 예수님의 모범을 따라 장애인들을 초청해야 한다.

가끔은 장애인에 대하여 무지하고 무관심한 목회자가 "인지능력이 부족하고 말을 하지 못하는 장애인이 믿음과 확신을 할 수 있는가?"라고 반문한다. 이것은 조건 없이 베푸시는 성령의 은혜의 주도성과 그 능력을 깨닫지 못했거나 아니면 경험하지 못해서 하는 말일 것이다. 성령이 베푸시는 구원의 은혜는 어떤 사람이라도 회심케 하시며 믿음을 주셔서 하나님과 교제하게 하신다.

안교성 목사는 '장애인을 잃어버린 교회'라는 책에서 열네 살짜리 지적장애인 피에르가 성령을 체험한 내용을 소개하고 있다. "피에르는 친구와 함께 가톨릭 교회에서 견진례를[251] 받았다. 견진례가 있은 지 2주 후에 피에르와 친구들에게 당시 체험을 그림으로 그려보라고 시켰다. 피에르가 그린 것을 보니 그림이라기보다는 낙서에 가까웠고 크레용도 손가락으로 쥐고 그리는 대신 주먹으로 움켜쥐고 그렸다. 그리고 계속 낙서처럼 뭔가 그려나갔다. 그러나 그 결과는 놀라운 메시지, 곧 복음이었고 그로 인해 피에르는 복음의 메신저가 되었다."[252]

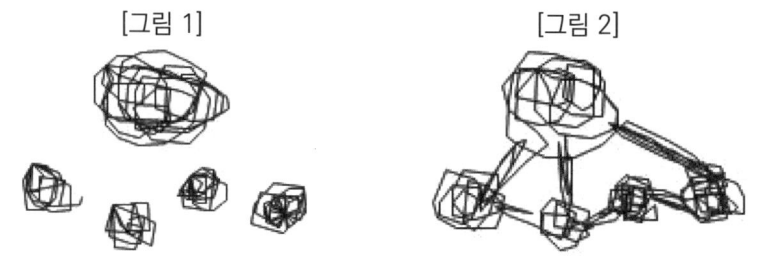

[그림 1]   [그림 2]

250) 누가복음 14장 13절
251) 카톨릭 교회의 7성사 중 하나로 세례를 받은 뒤 새롭게 성령과 그 은총을 풍부하게 받고 영혼에 그리스도의 병사로서 지워지지 않는 인호를 받는 의식
252) 안교성, 『장애인을 잃어버린 교회』, p.87

교사 : (위쪽의 큰 뭉치를 가리키면서) 자, 위에 있는 이게 뭐지?
피에르 : (얼굴이 밝아지면서 되풀이 말한다.) 성령! 성령! 성령!
교사 : (아래의 뭉치 중 하나를 가리키면서) 자, 이 아래에 있는 것은 뭐지?
피에르 : (자기를 자랑스럽게 가리키면서) 피에르! 피에르!
교사 : 그러면 이것은 성령이고, 이것은 피에르구나!
피에르 : (주먹으로 크레용을 쥐더니 성령을 가리킨 위의 뭉치와 자기를 가리킨 아래 뭉치를 선으로 이었다.) 성령, 피에르, 사랑해....피에르, 성령, 사랑해!(그는 여러 번 이 말을 되풀이 했다. 그리고 계속해서 친구 이름을 부르면서 같은 행동을 반복했다. 앙뚜아네뜨, 질베르, 마리...)

　눈앞에 있는 낙서 같은 한 장의 그림이요 상징도 빈약하고 말도 빈약했지만, 피에르는 할 말을 다 하고 이해할 것은 다 이해한 셈이었다. 그가 신이 나서 이것을 반복하자 친구들이 몰려들었다. 그는 이제 복음의 메신저까지 된 것이다. 복음은 바로 '하나님에 대한 사랑, 이웃에 대한 사랑'이 아니었던가?[253] 장애인이 믿음과 확신을 할 수 있는가? 라는 질문은 어리석은 질문이다. 이미 현장에서 수많은 장애인의 내적 변화 사례들을 보았고, 장애인의 변화를 통하여 교사와 가족들이 변화되는 사례가 너무나 많기 때문이다. 삼중 장애를 가진 유명한 헬렌 켈러는 설리번 선생의 가르침으로 크게 변화되었고, 그 영향력이 대단했음을 우리는 이미 알고 있다. 그러므로 사람이 성령의 능력을 제한시켜 생각하는 것은 성령을 부인하는 것과 마찬가지이다. 이것은 마치 니고데모와 같이 신앙의 무지에 빠진 어리석은 자가 갖는 생각일 뿐이다.

■ 더 깊은 연구를 위한 질문
　중증장애인에게 믿음이 있다는 것을 어떻게 알 수 있는가?

---

253) 안교성, 『장애인을 잃어버린 교회』, p.89

D. 구원론

6장
성도의 성화
[장애인의 믿음이 성장할 수 있는가?]

믿음의 성장이란 무엇인가?

하나님의 은혜가 임하여 사람이 회심하면 따라오는 것이 있다. 그것이 바로 하나님에 대한 믿음이다. 성경에서 나타나는 믿음이란 하나님을 신뢰하며 그 말씀을 받아들이는 것을 의미한다. 그리고 미래의 삶을 하나님께 위탁하고 의지하는 것을 말한다. 이런 의미에서 볼 때 하나님에 대한 믿음이란 하나님의 현현이신 예수 그리스도를 구세주로 '영접하는 것', '바라보는 것', '사모하며 의지하는 것'으로 해석할 수 있다.

믿음의 종류도 다양한데, 구원에 감사하면서 하나님과 교제하며 그 말씀에 순종하고자 하는 참된 믿음이 있는가 하면, 일시적인 믿음 혹은 기적만 바라는 믿음도 있고 자기중심적인 이기적인 믿음도 있다. 우리가 주목해야 할 부분은 믿음이 성장해야 한다는 점이다. 믿음이 성장한다는 말은 전 인격적으로 성숙해야 한다는 뜻이며 선한 영향을 주는 신앙인이 된다는 의미로서 그 모범은 예수 그리스도이시다.[254]

바울 사도는 우리의 믿음이 성장해야 한다는 사실을 강조하며 다음과 같이 말했다. "우리가 다 하나님의 아들을 믿는 것과 아는 일에 하나가 되어 온전한 사람을 이루어 그리스도의 장성한 분량이 충만한 데

---

254) 누가복음 2장 40절 : "아기가 자라며 강하여지고 지혜가 충만하며 하나님의 은혜가 그의 위에 있더라."
  누가복음 2장 52절 : "예수는 지혜와 키가 자라가며 하나님과 사람에게 더욱 사랑스러워 가시더라."

까지 이르리니."[255]

　우리의 믿음이 그리스도를 닮는 데까지 이르러야 한다는 의미는 죄의 오염과 지배에서 벗어나서 하나님의 형상을 회복하기까지 거룩한 여정을 쉬지 말고 계속해야 한다는 뜻이다. 이것을 성화라고 하며, 이러한 성화는 성령의 계속된 사역으로서 죄인의 전인격을 변화시켜 선한 일을 계속할 수 있도록 하는 것이다. 성화의 목적은 예수 그리스도를 닮게 하는 것으로서 현세에서는 완성되지 않으며 오직 하나님 나라에서 완성된다.[256]

장애인의 믿음은 계속 성장할 수 있는가?

　당연히 그렇다고 말할 수 있다. 왜냐하면 성화는 성령의 주도적이며 계속된 사역으로서 하나님의 자녀를 후회 없는 선택으로 끝까지 견인하시기 때문이다. 성화는 은혜를 입은 그리스도인들에게 두 가지 변화를 가져오는데, 소극적으로는 우리의 죄악의 성향을 점차 제거해 주신다. 그리고 적극적으로는 거룩한 성향을 점차로 증진해 그리스도의 형상을 닮아가게 하신다. 이를 위하여 성령은 하나님의 말씀을 듣게 하고 그 말씀에 순종하도록 은혜를 베푸신다. 그리고 기도하도록 도우시며 경건한 삶과 사랑을 실천할 능력을 공급하시고, 복음 사역에 헌신하는 삶을 살도록 때를 따라 도와주신다.[257] 하나님의 선택은 후회가 없으시며 실수나 실패하지 않으신다. 따라서 장애인의 경우, 비록 학

---

255) 에베소서 4장 13절
256) 로마서 3장 10절 : "기록된 바 의인은 없나니 하나도 없으며."
　　 요한계시록 14장 4절-5절 : "이 사람들은 여자와 더불어 더럽히지 아니하고 순결한 자라 어린 양이 어디로 인도하든지 따라가는 자며 사람 가운데에서 속량함을 받아 처음 익은 열매로 하나님과 어린 양에게 속한 자들이니 그 입에 거짓말이 없고 흠이 없는 자들이더라."
257) 요한복음 16장 13절-14절 : "그러나 진리의 성령이 오시면 그가 너희를 모든 진리 가운데로 인도하시리니 그가 스스로 말하지 않고 오직 들은 것을 말하며 장래 일을 너희에게 알리시리라 그가 내 영광을 나타내리니 내 것을 가지고 너희에게 알리시겠음이라."
　　 로마서 8장 26절 : "이와 같이 성령도 우리의 연약함을 도우시나니 우리는 마땅히 기도할 바를 알지 못하나 오직 성령이 말할 수 없는 탄식으로 우리를 위하여 친히 간구하시느니라."

습을 통한 변화의 속도는 다소 늦을지 모르지만, 성령의 도우심으로 흔들리지 않는 견고한 믿음으로 성장할 수 있다.

이와 함께 장애인의 내적 변화에 따른 영적 성장에 대하여 살펴보자. 진정한 영적 성장의 변화는 자기 자신을 낮추고 남을 위해 희생하는 삶을 사는 데서 알 수 있다. 그 모범이 예수 그리스도이시다. 장애로 말미암은 연약함은 이들을 돌아보고 삶을 공유하고자 하는 사람들을 불러들인다. 그러나 돕는 사람으로 하여금 영적 깨달음을 갖게 하며 서로 돕는 관계 속에서 바람직한 인간관계를 형성하게 한다. 나아가 건강한 공동체의 전형이 어떠해야 하는지 보여준다.

대상관계이론에서 알 수 있듯이 자신의 인격이 누군가의 영향에 의하여 성장하는데, 장애인은 깨달음이란 순기능을 통해 이웃들에게 선한 영향을 끼친다. 장애가 중증일수록 더욱 많은 손길이 필요하고 또한 깊은 깨달음을 준다. 왜냐하면, 하나님은 고난을 통하여 우리와 관계를 맺으시고 우리의 하나님이 되시기 때문이다.[258] 이처럼 장애인도 연약해지는 상황 속에서 축복의 통로로 사용되는 영적 성장의 면모를 보여준다. 그러므로 영적인 깨달음을 갖는 측면에서 보면 장애인은 연약함의 신비를 지닌 존재라 할 수 있다.

우리는 힘으로 세상을 지배하고 파괴하는 사탄의 권세에 대하여 고난받고 십자가에서 죽음을 맞이하는 연약함으로 하나님의 뜻을 이루시고 승리하셨던 예수 그리스도의 영성을 배워야 한다. 열매는 언제나 연약함의 결과다. 장애인의 연약한 삶은 예수 그리스도의 구원의 서정, 곧 계속되는 비하의 여정인 것을 깨닫게 해 준다.

우리가 얻은 구원과 믿음의 승리가 힘으로 싸워 쟁취한 것이 아니라 예수 그리스도의 십자가의 죽음을 통하여, 그리고 하나님의 은혜로 말미암아 얻어진 것이라면 우리는 연약함의 신비를 깨닫고 연약함의 자

---

258) 김해용, 『연약함의 신비』, p.19

리에 앉는 삶을 살아야 한다. 이러한 영성을 장애인들이 연약한 삶의 여정을 통하여 우리에게 깨닫게 해 주고 있다.

모든 것을 내어주신 예수 그리스도의 십자가의 자리는 죄인과 하나님이 화목한 자리였고, 하나님의 뜻을 이룬 승리의 자리였다. 이처럼 성도의 성화는 자신을 온전히 내어주는 죽음의 자리에서 완성됨을 예수 그리스도가 알려주셨으며, 장애인은 자신의 연약한 삶으로 성화의 단면을 우리에게 알려 주고 있는 것이다.

■ 더 깊은 연구를 위한 질문

장애인에게서 믿음이 성장한다는 것을 어떻게 알 수 있는가?

D.
구원론

7장

성도의 견인과 영화
[장애인이 믿음 생활을 계속할 수 있는가?]

성도의 견인이란 무엇인가?

성도의 견인은 하나님이 거듭나게 한 사람을 궁극적으로 타락하지 않고 은혜의 신분을 끝까지 유지하게 하여 반드시 구원을 받게 하신다는 것이다. 다시 말하자면 구원받은 성도는 때때로 악에 정복당하기도 하고 죄에 빠지기도 하지만, 결코 그 신분에서 완전히 타락하여 영원한 구원을 얻지 못하게 되는 일은 없다는 것이다. 여기서 중요하게 생각해야 할 부분은 성도의 견인이 인간의 지속적인 활동에 의한 것이 아니라 성도인 우리의 심령 안에서 시작된 신적 은혜의 사역이 지속하고 완성에 이르게 하는 성령의 계속되는 사역 때문이라는 것이다.[259]

성도의 견인이 성령의 주도적이고 지속적인 사역 때문이라는 것에 대한 반론도 있다. 그것은 인간의 자유를 무시한다는 측면도 있고, 인간의 부패한 본성이 갈수록 태만과 부도덕으로 이끈다는 문제가 제기된다. 그러나 인간의 진정한 자유는 거룩함을 향한 자기 결정이며, 역으로 인간이 타락했을지라도 고난 속으로 인도하시며 때를 따라 깨닫게 하시는 하나님의 은혜와 성령의 도우심과 보호하심으로 실패하지 않게 하신다는 것이다. 만일 성령이 주도하시는 성도의 견인을 부정하게 된다면 인간의 구원은 전적으로 하나님의 은혜를 의존하는 것이 아닌 인간의 의지에 의존하게 되는 결과를 낳게 된다.

---

259) 루이스 벌코프, 『벌코프 조직신학』, p.799

성도의 견인 교리는 인간이 신앙생활을 전혀 하지 않음에도 구원을 받는다는 의미는 아니다. 예수 그리스도는 이에 대하여 다음과 같이 가르치고 있다. "끝까지 견디는 자는 구원을 얻으리라."[260] 사도 바울도 같은 내용으로 권면한다. "우리가 시작할 때에 확신한 것을 끝까지 견고히 잡고 있으면 그리스도와 함께 참여한 자가 되리라."[261]

한편 신앙생활을 하더라도 타락하여 구원받지 못할 수도 있다는 사실도 알려주고 있다. "봉사와 및 사도의 직무를 대신할 자인지를 보이시옵소서 유다는 이 직무를 버리고 제 곳으로 갔나이다 하고."[262] "믿음과 착한 양심을 가지라 어떤 이들은 이 양심을 버렸고 그 믿음에 관하여는 파선하였느니라."[263] 그러나 성경은 성령으로 거듭나서 참된 믿음으로 거룩함을 입은 자들은 결코 정죄 받지 않는다는 사실을 알려준다.[264] 한편으로 구원받은 성도는 성령의 견인으로 말미암아 죽음 이후에 하나님 나라에서 영원히 참 자유와 참 평강의 삶을 누린다. 이것이 하나님의 약속으로 말미암는 성도가 누리는 영화다.[265]

성도가 죽음 이후 누리는 영화는 즉각적이다. 이것은 거듭남과 마찬가지로 즉각적으로 이루어진다. 거듭남이 출발지점이라면 영화는 도착지점이다. 그리고 성도의 영화는 전적으로 하나님이 주도해서 이루어지는 일이다. 한편 육체의 영화는 마지막 나팔 소리가 날 때 즉, 부활의 때에 이루어진다. 물론 죽은 자뿐만 아니라 살아있는 자도 영원한 영화를 누리게 된다.[266] 이처럼 영원한 영화는 예수 그리스도의 재

---

260) 마태복음 10장 22절
261) 히브리서 3장 14절
262) 사도행전 1장 25절
263) 디모데전서 1장 19절
264) 로마서 8장 33절-34절 : "누가 능히 하나님께서 택하신 자들을 고발하리요 의롭다 하신 이는 하나님이시니 누가 정죄하리요 죽으실 뿐 아니라 다시 살아나신 이는 그리스도 예수시니 그는 하나님 우편에 계신 자요 우리를 위하여 간구하시는 자시니라."
265) 로마서 8장 23절 : "그뿐 아니라 또한 우리 곧 성령의 처음 익은 열매를 받은 우리까지도 속으로 탄식하여 양자 될 것 곧 우리 몸의 속량을 기다리느니라."
266) 데살로니가 전서 4장 16절, 17절 : "주께서 호령과 천사장의 소리와 하나님의 나팔 소리로 친히 하늘로부터 강림하시리니 그리스도 안에서 죽은 자들이 먼저 일어나고 그 후에 우리 살아 남은 자들도 그들

림과 더불어 시작되는데, 그때는 모든 불신자도 눈으로 직접 볼 수 있게 하시며 이들에게는 형벌을 내리신다고 말씀하셨다.[267]

장애인이 믿음 생활을 계속할 수 있는가?

성도의 견인 교리를 살펴보면서 '발달장애인은 믿음 생활을 계속할 수 있는가?'라는 의문이 들 수 있다. 여기서 우리가 먼저 생각해야 할 점은 성령의 역할이다. 성령은 우리를 돕는 보혜사로서 영원히 성도 안에 머무시면서 때를 따라 도우신다. 그리고 진리를 깨닫게 하시며 행할 수 있는 능력을 주신다. 참된 평안을 주시며 두려움이 없게 하신다.[268] 그러므로 비록 장애인이라 할지라도 성령의 도우심으로 신앙생활을 지속할 수 있으며 믿음도 성장할 수 있다. 일반적으로 생각해 볼 때 발달장애인은 특성상 학습 속도가 느리고 적응 능력이 부족하다. 그리고 언어의 제약이 따르며 정서적 불안전성을 보이기도 한다. 그러나 개인차가 있으며 학습 환경과 학습 동기, 그리고 가르치는 교사의 지도능력에 따라 달라질 수 있다.

무엇보다도 부족한 부분을 성령이 도우시며 채워 주신다는 것이다. 그러므로 발달장애인도 믿음 생활을 지속해서 할 수 있을 뿐만 아니라 성장할 수 있다.

필자의 경험에 의하면 대체로 발달장애인은 좋은 신앙 환경과 격려와 칭찬을 아끼지 않는 신앙 동기를 마련해 준다면 믿음 생활을 끊임없이 오랫동안 지속하는 것을 보았다. 물론 내적 변화와 함께 인격이 성장하는 아름다운 결과도 나타났다. 사실 교육은 변화를 위한 것이며

과 함께 구름 속으로 끌어 올려 공중에서 주를 영접하게 하시리니 그리하여 우리가 항상 주와 함께 있으리라."

267) 데살로니가 후서 1장 8절-9절 : "하나님을 모르는 자들과 우리 주 예수의 복음에 복종하지 않는 자들에게 형벌을 내리시리니 이런 자들은 주의 얼굴과 그의 힘의 영광을 떠나 영원한 멸망의 형벌을 받으리로다."
268) 요한복음 14장 25절-27절

그 교육은 열매가 있어야 한다. 성령의 도우심을 구하며 온 힘을 다하고자 할 때, 어떻게 열매를 맺지 못하겠는가?

한편으로 장애인의 교회 교육과 관련하여 성령의 인도로 말미암는 성도의 견인과 영화를 생각해 볼 때, 신앙교육의 목적이 무엇이 되어야 하는지 깊게 생각해 보아야 한다. 교회 교육이 일반적인 교육과 마찬가지로 단순히 태도의 긍정적 변화에 만족해서는 안 된다. 교회 교육의 실제는 하나님의 뜻에 일치하는 교육이 되어야 한다. 하나님의 뜻이란 죄인을 구원하는 것이다.

다시 말해서 억압과 속박에서 벗어나 참 평안과 자유를 누리도록 하는 것이다.[269] 이것이 성령이 우리에게 주시고자 하는 선물이며, 세상에서 천국으로 견인하고자 하는 이유이며 목적이다. 따라서 교회 교육은 하나님의 선교의 일환으로서 진정한 인간성 회복이라는 포괄적 개념으로 이해해야 한다. 서양 문화권에서는 교육을 'Education'이라는 말로 사용해 왔다.

이 말은 라틴어에서 온 것인데 일반적으로 educere : eductus sum과 educare : educatus sum에서 유래되었다. 여기서 educere는 영어의 'infilling'에 해당하는 말로서 우리 말로는 '만든다'는 뜻이다. 또한 이 말은 영어의 'to train'에 해당하는 말로서 '훈련하다'라는 뜻이다. 그러니까 educere는 학생들의 머릿속에 지식, 기술 또는 행동 방식을 채워 주는(infilling) 고정으로서 훈련하고 가르치는 일인 것이다. 한편으로 educare는 영어의 'drawing out' 'bring up'에 해당하는 말로서 '이끌어내다' '끄집어내다'의 뜻이다. 교육적 해석을 가하면 사람이 선천적으로 지니고 있는 잠재력을 이끌어 내며 잘 키워주는 것이어서 한마디로 말하면 '기르다'라는 뜻이다. 결국 'education'은 educere와 educare 양면의 의미가 있는 것으로 훈련과 양육의 과정

---

269) 요한복음 14장 27절, 로마서 8장 1절-2절

을 통하여 피교육자를 보다 나은 바람직한 차원으로 이끌어가는 행위라고 할 수 있다.[270]

그렇다면 영적인 관점에서 성경의 역사를 통해 성도의 견인을 잠시 생각해 보자. 출애굽은 하나님의 백성이 자유를 빼앗긴 채 종살이를 하며 억압받는 삶으로부터 해방된 하나님의 역사였다. 그야말로 하나님의 백성을 자유와 평안으로 인도하신 견인의 역사였다. 출애굽(exodus)의 문자적 의미를 헬라어로 살펴보면 'ex'는 '밖으로'라는 뜻이며 'hodos'는 '길'이라는 뜻이다. 교육(educate)이라는 단어도 이와 유사하다. 라틴어 접두어 'e(밖으로)'와 어근 'ducare(인도하다)'가 합쳐진 단어로 그 의미는 '밖으로 인도하다'이다.

출애굽은 하나님의 관점에서 보면 자신이 택한 백성을 비인간적인 노예 상태에서 자유인의 삶으로 인도해 내신 견인의 역사였다. 하나님은 단순히 노예 상태를 벗어나는 것으로 끝내지 않으셨다. 광야 생활을 통하여 하나님의 말씀에 순종하는 삶을 살도록 훈련하시면서 참 자유를 누리게 하셨다. 이것이 하나님의 견인이며 성도가 누리는 영화로운 삶의 상징이다.

하나님은 예수 그리스도의 피 값으로 구원받은 장애인 성도들을 끝까지 돌보시며 성장하게 하시며 하나님 나라로 견인하시되 영화로운 삶을 누리게 하신다. 이것이 예수 그리스도께서 이 땅에 오신 이유이며 십자가에서 목숨을 버리신 이유이다.

■ 더 깊은 연구를 위한 질문

장애인이 믿음 생활을 지속하는데 어떻게 도움을 줄 수 있는가?

---

270) 박봉수, 『교육목회의 이해』, (서울 : 한국장로교출판사, 2008), p.20

장애 신학
Disability Theology

조직신학으로 이해하는 발달장애인 사역

E. 교회론

1장. 교회의 정의와 본질 (장애인은 공동체에서 어떤 역할을 하는가?)
2장. 거룩한 공동체의 구성원 (장애인은 공동체 구성원인가?)
3장. 교회의 직분과 역할 (장애인은 직분을 가질 수 있는가?)
4장. 은혜의 방편인 설교 (장애인은 설교를 들을 수 있는가?)
5장. 은혜의 방편인 예배 (장애인은 예배에 참여할 수 있는가?)
6장. 은혜의 방편인 세례 (장애인은 세례를 받을 수 있는가?)
7장. 은혜의 방편인 성찬 (장애인은 성찬에 참여할 수 있는가?)

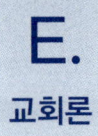

E.
교회론

1장

교회의 정의와 본질

[장애인은 공동체에서 어떤 역할을 하는가?]

"시몬 베드로가 대답하여 이르되 주는 그리스도시요 살아 계신 하나님의 아들이시니이다. 예수께서 대답하여 이르시되 바요나 시몬아 네가 복이 있도다 이를 네게 알게 한 이는 혈육이 아니요 하늘에 계신 내 아버지시니라 또 내가 네게 이르노니 너는 베드로라 내가 이 반석 위에 내 교회를 세우리니 음부의 권세가 이기지 못하리라."[271]

교회란 무엇인가?

예수 그리스도가 맨 처음으로 사용하셨던 '교회'란 하나님의 부르심을 받은 사람들의 모임 곧 회중을 의미한다. 부름 받은 신자 중에는 하나님의 택하심을 받은 사람들이나 또 장차 구원받을 모든 사람을 포함하여 무형교회라고 말한다. 이것은 하나님이 보시는 교회로서 구원받은 성도들의 집합체로서의 교회다. 그러나 우리가 통상 교회라고 말하는 이 땅 위의 가시적 교회에는 예수 그리스도를 믿고 따르는 신자들과 함께 불신자나 거듭나지 못한 교인들도 포함될 수 있다. 이것을 두고 유형 교회라고 하는데 사람의 시각으로 바라보는 교회를 말한다.

교회란, 선택적 관점에서 보면 과거나 현재나 미래를 포함하여 예수 그리스도의 몸에 속한 자들이라고 말할 수 있다. 그리고 효과적인 부르심의 관점에서 보면 성령의 부르심을 받은 선택된 자들의 무리이며,

---

271) 마태복음 16장 16절-18절

세례와 신앙고백의 관점에서 보면 참된 신앙을 고백하는 사람들의 공동체라고 말할 수 있다. 사도 바울은 유형 교회에 편지를 쓰면서 그들을 '성도'라고 표현하는데 이것은 교회가 예수 그리스도를 머리로 둔 영적인 통일체를 임을 의미한다.[272] 한편으로 교회가 현재는 부분적으로 나타나지만, 종말에는 온전하게 나타날 하나님 나라의 표상으로서 눈으로 볼 수 있는 예수 그리스도의 공동체라고 또한 말할 수 있다.

예수 그리스도의 공동체인 교회는 세 가지 속성이 있다.

첫째, 통일성이다. 이것은 교회가 신비로운 몸의 통일성을 갖는 유기적 공동체를 의미한다. 둘째, 거룩성이다. 이것은 교회가 세상과 구별되었고, 하나님께 드려졌으며, 예수 그리스도 안에서 거룩한 교제가 이루어진다는 의미이다. 셋째, 보편성이다. 이것은 주로 무형교회를 의미하는데, 모든 시대와 모든 나라의 성도들이 포함되기 때문이다.[273]

장애인은 공동체에서 어떤 역할을 하는가?

장애인도 교회 구성원으로서 비장애인과 별로 다를 바 없이 책임과 의무를 갖고 자신의 역할을 해야 한다. 그러나 장애인은 연약함의 특성 때문에 공동체 안에서 특별한 구실을 하는데, 그것은 비장애인들에게 영적 깨달음을 주는 순기능의 역할을 한다. 분석심리학자인 칼융은 '장애인은 비장애인에게 어두운 면을 보여주는 그림자 역할을 하므로 비장애인들은 그들에 대해 무의식적으로 심리적 부담감을 느낀다.'고 말했다.[274] 그러나 프로이드의 대상관계이론에[275] 의하면 자기 인식의 세계는 세상의 환경과 대인관계를 통해 형성된다고 말한다. 좋은 환경

---

272) 로마서 1장 7절 : "로마에서 하나님의 사랑하심을 받고 성도로 부르심을 받은 모든 자에게 하나님 우리 아버지와 주 예수 그리스도로부터 은혜와 평강이 있기를 원하노라."
273) 루이스 벌코프, 『벌코프 조직신학』, p.833
274) 안교성, 『장애인을 잃어버린 교회』, p.27
275) 20세기 전반에 시작된 정신 분석학의 한 경향. 대상, 즉 자아의 욕구를 충족시켜 줄 수 있는 사람이나 사물과의 대상관계 속에서 심리 구조의 형상과 분화를 연구한다.

과 좋은 사람을 만나면 좋은 인식이 형성되고 그렇지 않으면 반대의 상황이 만들어진다는 것이다.

필자가 생각하기에 장애는 고난의 표징(a sign of hardship)이지만 그 속에는 영적 장애의 현실을 고발하는 '깨달음'이라는 순기능을 갖고 있다고 생각된다. 예수 그리스도는 시각장애인의 눈을 뜨게 하신 후에 영적 교훈이 필요한 사람들에게 다음과 같이 말씀하셨다. "내가 심판하러 이 세상에 왔으니 보지 못하는 자들은 보게 하고 보는 자들은 맹인이 되게 하려 함이라 하시니."[276] 이것은 참 장애인이 누구인지 장애인을 통해 영적 깨달음을 얻도록 교훈하신 말씀이다.

사도 바울은 하나님이 우리 곁에 장애인을 두신 이유를 다음과 같이 말했다. "그러나 하나님께서 세상의 미련한 것들을 택하사 지혜 있는 자들을 부끄럽게 하려 하시고 세상의 약한 것들을 택하사 강한 것들을 부끄럽게 하려 하시며 하나님께서 세상의 천한 것들과 멸시받는 것들과 없는 것들을 택하사 있는 것들을 폐하려 하시나니 이는 아무 육체도 하나님 앞에서 자랑하지 못하게 하려 하심이라."[277]

교회가 차별 없는 복음을 전하고 하나님의 참사랑을 나누는 거룩한 공동체라면 연약한 지체들이 중심을 이루어야 한다. 왜냐하면 교회는 불완전하지만 하나님 나라의 표상으로서 하나님을 의존하는 삶을 사는 연약한 지체들이 모이는 곳이기 때문이다. 그리고 하나님은 연약한 자들을 사용하셔서 강한 자들을 부끄럽게 하시기 때문이다. 장애인은 연약하기 때문에 무익한 존재가 아니라 연약함의 신비를 갖고 있기 때문에 참으로 유익한 존재다. 장애인은 그들의 의존적 삶을 통하여 우리에게 믿음이 무엇인지 깨닫게 한다. 그리고 장애인은 그들의 자유로운 삶을 통하여 우리에게 참 자유가 무엇인지 깨닫게 한다. 무엇보다도 장애인은 연약하여서 사랑의 손길을 부르며, 그 손길마다 하나님의

---

276) 요한복음 9장 39절
277) 고린도전서 1장 27절-29절

은혜를 공급하는 축복의 통로 역할을 한다.

예수 그리스도의 교회는 자기 유익을 위하여 다른 사람과 협력하는 곳이 아니다. 오히려 자기를 희생하고 타인을 섬김으로써 하나님의 참사랑을 배우는 곳이다. 왜냐하면 예수 그리스도의 교회는 비하의 영성으로 자기희생과 겸손한 섬김으로 세워진 곳이기 때문이다.

■ 더 깊은 연구를 위한 질문

한국교회의 부흥기 때 장애인교회가 생겨난 이유는 무엇인가?

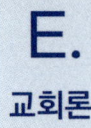
E.
교회론

2장

거룩한 공동체의 구성원
[장애인은 공동체 구성원인가?]

교회 공동체란 무엇인가?

일반적으로 공동체(community)를 '운명이나 생활, 목적 등을 같이 하는 두 사람 이상의 조직체'라고 해석한다.[278] 그렇다면 예수 그리스도의 공동체, 곧 교회공동체란 무엇일까? 1장에서 언급한 바와 같이 교회란 '하나님의 부르심을 받은 사람들의 모임'을 의미한다. 다르게 표현하자면 교회의 머리가 되시는 예수 그리스도의 뜻을 따라 하나님의 영광을 드러내는 삶을 사는 그리스도인들의 공동체라고 말할 수 있다.[279] 일반적인 공동체가 구성원들이 공유하는 목표를 위하여 자기의 유익을 추구하며 다른 사람과 협력하는 특징을 지녔다면, 예수 그리스도의 공동체는 하나님의 영광을 위하여 자기를 희생하며 타인과 협력하는 사랑의 원리로 운영되는 특징을 지녔다.

예수 그리스도의 공동체인 교회는 어떻게 하나님의 영광을 드러낼까?

교회의 리더이자 가르치는 일을 맡은 목회자는 예수 그리스도의 지상명령을[280] 교회의 사명으로 생각한다. 그것을 둘로 구분하자면 모든 민족을 제자로 삼아 아버지와 아들과 성령의 이름으로 세례를 주는 것

---

278) 어학사전
279) 고린도전서 12장 12절-13절 : "몸은 하나인데 많은 지체가 있고 몸의 지체가 많으나 한 몸임과 같이 그리스도도 그러하니라 우리가 유대인이나 헬라인이나 종이나 자유인이나 다 한 성령으로 세례를 받아 한 몸이 되었고 또 다 한 성령을 마시게 하셨느니라."
280) 마태복음 28장 16절-20절

과 예수 그리스도가 가르쳐주신 모든 것을 가르치고 지키게 하는 것이다.

즉, 차별 없는 복음의 정신에 따라 모든 사람을 제자로 삼고, 세례를 주고, 가르치고 지키도록 함으로써 하나님의 영광을 드러낼 수 있다는 것이다. 그렇다면 교회는 장애인을 선교의 대상, 목회의 대상, 교육의 대상으로 생각하는가를 먼저 묻고 싶다. 그들에게도 차별 없는 복음의 정신에 따라 가르치고 세례를 줌으로써 제자로 삼는가를 묻고 싶은 것이다. 만일 그렇다면 목회자가 되기 위하여 훈련을 받는 신학교에서 장애인을 위한 학문과 목회를 위한 교육도 해야 하는데 실상은 그렇지 않다. 잘 가르치기 위해서는 먼저 잘 배워야 한다.

성경은 잘 가르치는 것과 잘 배우는 것은 분리될 수 없음을 깨닫게 해 준다. 히브리어 단어에서 '가르친다(lamad)'와 '배운다(limmud)'는 모두 같은 어근(l-m-d)을 가지고 있다. 이러한 사실은 배우지 않고 가르칠 수 없으며, 잘 가르치기 위해서는 먼저 배워야 한다는 것을 깨닫게 해 준다. 사실 장애인에 대한 학문을 배우지 않고서는 목회현장에서 장애인을 제대로 섬길 수 없다. 물론 장애인 사역은 전문사역자가 하는 것으로 생각할 수 있으나 고통이 집약적으로 나타나는 장애인에 대한 이해와 관심과 사랑의 실천은 그리스도의 마음이며 사역이다. 무엇보다도 장애인을 교회의 구성원으로 인식하고 받아들여야 하는 생각과 자세는 목회자가 기본적으로 가져야 할 자세다. 그러나 많은 목회자가 장애인을 구제와 동정의 대상으로만 제한시켜 생각한다. 장애인을 선교의 대상이며 교육의 대상으로 받아들이지 않는다면 교회 구성원으로서 받아들이지 않는 것과 다름이 없다.

예수 그리스도의 몸 된 교회 공동체는 하나 됨을 추구해야 하며, 어떤 연약한 지체라도 존귀하게 여기며 개인의 특성과 능력이 공동체에 선한 영향을 끼치도록 해야 한다. 특히 교회 공동체는 유기적 성격을 갖고 연약한 자들이 중심을 이루어 참사랑을 실천해야 한다. 왜냐하면 하나님이 연약한 자들을 사랑하시며 그들을 사용하시기 때문이다.[281] 사도 바울은 하나님이 약한 자를 들어 강한 자를 부끄럽게 만드는 거룩한 도구로 사용하신다는 것과[282] 교회 안에서 더 약하게 보이는 지체가 도리어 요긴하며, 그들에게 하나님의 사랑을 공급하면 그들을 통하여 교회가 더욱 아름답게 된다고 말했다.[283]

주님의 몸 된 공동체인 교회는 사실 끔찍한 곳일 수 있다. 왜냐하면, 구성원을 통하여 한계와 이기심과 약점을 스스로 자각하게 하는 곳이기 때문이다. 거룩한 공동체 생활은 예수 그리스도의 모범을 따라 자기희생과 헌신을 전제로 서로 섬기며 하나님께 예배를 드리는 곳이다. 따라서 '나를 위한 공동체'에서 '공동체를 위한 나'의 생각을 앞세우며, 자기중심이란 그늘에서 빠져나와 참된 사랑의 빛으로 들어가는 곳이 되어야 한다. 그런데 환영받을 것만 생각하고 교회에 와서 자신의 이기심을 깨닫고 내려놓지 못한다면 어느 시점에서는 환영이 환멸로 바뀌게 된다. 그러나 자신의 한계를 받아들이는 깨달음을 갖고 열린 마음으로 신앙생활을 한다면 환멸이 환상으로 바뀌게 된다. 따라서 끔찍한 장소로 여겨졌던 교회가 생명과 성장의 자리가 된다는 사실도 깨닫게 되는 것이다.

하나님 나라는 작은 자가 천을 이루고 약한 자가 강국을 이루는 나라이다.[284] 따라서 하나님 나라의 표상인 교회도 작은 자, 약한 자가 존재해야 하며 그들이 중심을 이루어야 한다. 왜냐하면 그들을 통하여 교회의 운영원리인 하나님의 참사랑을 깨닫게 되기 때문이다. 만일 교회에 작은 자, 약한 자가 없고 오직 강한 자만 존재한다면 어떻게 되겠

---

281) 신명기 7장 7절 : "여호와께서 너희를 기뻐하시고 너희를 택하심은 너희가 다른 민족보다 수효가 많기 때문이 아니니라 너희는 오히려 모든 민족 중에 가장 적으니라."
282) 고린도전서 1장 27절-29절
283) 고린도전서 12장 22절-23절 : "그분 아니라 더 약하게 보이는 몸의 지체가 도리어 요긴하고 우리가 몸의 덜 귀히 여기는 그것들을 더욱 귀한 것들로 입혀 주며 우리의 아름답지 못한 지체는 더욱 아름다운 것을 얻느니라."
284) 이사야 60장 22절 : "그 작은 자가 천 명을 이루겠고 그 약한 자가 강국을 이룰 것이라 때가 되면 나 여호와가 속히 이루리라."

는가? 초대 예루살렘교회가 온 교회의 모범이 된 것은 차별 없는 복음의 정신에 따라 조건 없는 하나님의 참사랑을 실천했기 때문이었다. 그러므로 거룩한 공동체인 교회가 변화를 추구하고 지속적인 성장을 하려면 차별 없는 복음과 참사랑을 실천해야 한다.

장애인은 교회 공동체의 구성원인가?

장애인은 교회의 구성원인가? 이러한 질문은 매우 어리석은 질문일 수 있다. 그러나 기독교 역사의 뒤안길을 살펴보았을 때 장애인에 대한 교회의 역사는 무관심과 무기력과 무능력한 역사였다고 말할 수 있다. 왜냐하면 교회가 장애인을 교회 구성원으로 생각하지 않았기 때문이었다. 바로 장애인으로만 구성된 장애인 교회가 생겨났다는 것이 이러한 사실을 증명한다.

작금에 와서 장애인을 교회 구성원으로 받아들이며 그들을 위한 예배가 생겨나기도 했지만, 아직도 장애인을 교회 구성원으로 받아들였는지 확신을 하기 어렵다. 그 이유는 아직도 그들을 위한 예배 모범과 성례가 규정화되어 있지 못하기 때문이다. 앞에서 언급한 바와 같이 말씀과 성례는 은혜를 공급하는 수단이다. 따라서 장애인에게 은혜를 공급하는 수단인 말씀과 성례가 규정되어 있지 못한 것은 그들을 교회 구성원으로서 받아들이지 못하고 있다는 반증이다.

예수 그리스도는 지상명령을 통하여 차별 없는 복음을 모든 민족에게 전하며 제자로 삼고 세례를 베풀 것을 명령하셨다. 선택할 수 있다는 권고가 아니라 반드시 시행해야만 하는 명령의 형태로 우리에게 주신 것이다.

그러므로 교회가 장애인 선교를 선택의 문제로 생각하고 있다면 예수 그리스도의 명령을 거역하는 것이다. 문제는 교회가 직접선교를 하든지 아니면 간접 선교를 하든지 장애인을 외면해서는 안 된다는 것이

다. 만일 장애인을 외면한다면 예수 그리스도 앞에 섰을 때 책망을 받을 것이다.[285]

■ 더 깊은 연구를 위한 질문

장애인이 교회공동체의 구성원으로서 외면받는 이유는 무엇인가?

---

285) 누가복음 11장 52절 : "화 있을진저 너희 율법 교사여 너희가 지식의 열쇠를 가져가서 너희도 들어가지 않고 또 들어가고자 하는 자도 막았느니라 하시니라."

E. 교회론

3장
교회의 직분과 역할
[장애인은 직분을 가질 수 있는가?]

성경에는 어떤 직분과 역할을 소개하고 있는가?

성경에는 다양한 직분이 소개되고 있다. 크게 구분하면 비상 직원(Extraordinary officers)과 통상 직원(Ordinary officers)으로 나눈다. 비상 직원에는 사도, 선지자, 전도자가 있다.

예수 그리스도가 직접 부르신 열두 제자들의 직분은 사도였으며, 그 역할에는 모든 시대의 모든 교회의 기초를 놓는 특별한 과업이 부여되었다.[286] 사도들은 예수 그리스도로부터 직접 사명을 부여받았으며 부활의 증인으로서 역할을 했다. 성령의 감동을 받아 글로 성경을 집필하고 말로 사람들을 가르쳤으며 하나님의 은혜와 능력으로 세상에 복음을 전하며 병든 자들과 장애인들 그리고 가난한 자들과 귀신 들린 자들을 위하여 치유와 회복을 위한 사역을 감당했다.

또한 성경은 선지자에 관하여 언급하고 있다.[287] 이들은 종종 하나님의 계시의 말씀을 전하고 미래의 사건들을 예언하는 도구로 사용되었다. 그리고 성경은 전도자에 대하여도 언급한다.[288] 빌립, 마가, 디모데, 디도가 이 부류에 속하며 전도자들은 사도들을 도와서 전도하며 세례를 베풀고 장로를 세우며 권징을 시행했다. 이들의 권위는 통상적인 사역자의 권위보다는 더 일반적이고 보편적이며 다소 우월했다고

---

286) 사도행전 14장 4절, 고린도전서 9장 5절, 고린도후서 8장 23절, 갈라디아서 1장 19절
287) 사도행전 11장 28절, 13장 1절, 2장 15절, 고린도전서 12장 10절, 13장 2절, 디모데전서 1장 18절
288) 사도행전 21장 8절, 에베소서 4장 11절, 디모데후서 4장 5절

알려진다. 이처럼 사도와 선지자와 전도자를 일컬어 비상 직원이라고 한다.

그리고 통상 직원에는 장로(감독), 교사, 집사로 구분된다. 장로는 자신에게 맡겨진 양떼를 돌보며 필요한 것을 공급하며 보호하는 역할을 했다. 그리고 교사는 가르치는 일을 했으며 집사는 재정 관리 등 봉사하는 역할을 했다고 알려진다.

현대교회에서는 교회의 직분과 역할이 더욱 다양화, 전문화되어 나타나고 있다. 그런데 교회의 구성원으로서 장애인은 교회의 직분을 갖고 봉사의 일을 할 수 있는지 생각해 보자.

원칙적으로 모든 교회 구성원은 교회에 등록하고 일정한 기간 교회에서 요구되는 필요한 학습을 마치고 나면 세례를 받을 수 있는 자격을 준다. 그리고 세례를 받고 나면 정식 교인으로서 직분을 받고 봉사의 일을 감당하게 되는데, 장애인에게는 직분과 역할을 맡기는 것을 주저한다. 장애인들은 보이지 않는 장벽 때문에 교회의 구성원이 되기도 어렵지만 교회 안에서 직분을 맡아 봉사의 일을 하기도 어렵다. 왜 그럴까? 아마도 장애인에 대한 부족한 인식과 의사소통의 문제 및 업무처리 능력에 대한 확신을 하지 못하기 때문이라고 생각된다.

교회에서 장애인은 직분을 갖고 봉사의 일을 할 수 있는가?

당연히 할 수 있어야 한다. 왜냐하면, 하나님의 은혜로 부름을 받은 자는 섬기는 자로서 자기 은사와 능력을 갖추고 봉사를 해야 하기 때문이다. 복음은 배타성이 아닌 포용성을 말하고 있다. 따라서 복음을 전하고 실천하는 주님의 교회가 거룩한 지체들의 연합이라면 연약한 발가락과 손가락처럼 장애인도 각자의 은사와 능력에 따라 봉사의 역할을 할 수 있어야 한다.

사도 바울은 교회를 교회답게 만드시는 하나님의 섭리를 다음과 같이 말했다. "하나님의 어리석음이 사람보다 지혜롭고 하나님의 약하심이 사람보다 강하니라 형제들아 너희를 부르심을 보라 육체를 따라 지혜로운 자가 많지 아니하며 능한 자가 많지 아니하며 문벌 좋은 자가 많지 아니하도다 그러나 하나님께서 세상의 미련한 것들을 택하사 지혜 있는 자들을 부끄럽게 하려 하시고 세상의 약한 것들을 택하사 강한 것들을 부끄럽게 하려 하시며 하나님께서 세상의 천한 것들과 멸시 받는 것들과 없는 것들을 택하사 있는 것들을 폐하려 하시나니 이는 아무 육체도 하나님 앞에서 자랑하지 못하게 하려 하심이라."[289] 이 말씀은 연약함의 대명사라 불리는 장애인을 은혜의 도구요, 축복의 통로로 사용하시겠다는 하나님의 의도를 나타내고 있다.

사도 바울과 함께 고린도 교회를 세우는데 일조했던 아굴라는 비천한 출신이었기 때문에 고린도 교회에서 무시당했다. 사도 바울의 후임자로 에베소 교회를 담임했던 디모데는 나이가 어리다는 이유로 업신여김을 당했다. 바울 자신도 말이 어둔한 것과 호감을 불러일으키지 못하는 외모 때문에 거짓 교사들에게 비판을 받았다. 차별의 정신과 태도는 부패한 세상과 세상에 속한 사람들의 논리이며 잣대이다. 더군다나 강함을 자랑하며 약한 자를 무시하고 억압하는 힘의 논리는 마귀적이다.

교회는 예수 그리스도의 모범을 따라 연약함 속의 능력(strength in weakness)을 드러내야 하며 연약한 자들과 협력하여 선을 이루어야 한다. 특히 연약한 지체들의 중요성을 알고 연약함의 신비에 눈을 떠야 한다. 만일 연약함의 신비에 눈을 뜨지 못하면 그 공동체는 변화를 부르짖으나 변질할 뿐이다.

하나님은 자신의 교회를 정의로 다스리신다. 이 말을 다르게 표현하면 교회가 하나님의 정의에 맞는 사역을 해야 한다는 뜻이다. 교회

---

[289] 고린도전서 1장 26절-29절

가 하나님의 정의를 행한다는 의미는 사람들 사이에 건강한 관계를 방해하는 어떤 것이든 제거한다는 의미이다. 다르게 표현하면 정의로운 삶을 실천하는 것은 거룩한 공동체가 평화와 조화를 경험할 수 있도록 갈등을 해결하는 것과 관계가 있다는 것이다.[290] 따라서 하나님의 정의를 시행해야 할 교회는 장애인들을 배제하는 여러 가지 장애물들을 적극 제거하면서 무지, 무감각, 무관심과 거리가 먼 수용과 화해를 위한 사랑의 실천을 적극 펼쳐야 한다. 복음은 유유상종이라는 세상의 통념을 배격하며 누구든지 차별 없는 정신을 가져야 할 것을 가르친다. 그러므로 사도 바울은 하나님이 성도들에게 화목하게 하는 직분을 주셨다고 말하는 것이다.[291]

■ 더 깊은 연구를 위한 질문

교회는 정의로운 것과 현실의 필요 중에 무엇을 먼저 구해야 하는가?

---

290) 데이비드 W. 엔드슨, 『신학적 관점에서 본 장애인 이해』, 김옥기 역, (서울 : 밀알서원, 2016), p.132
291) 고린도후서 5장 18절

> E.
> 교회론

4장
은혜의 방편인 설교
[장애인은 설교를 들을 수 있는가?]

하나님 말씀을 전하는 설교란 무엇인가?

루이스 벌코프(L. Berkhof)는 "타락한 인간은 예수 그리스도의 공로와 성령의 사역을 힘입어 하나님의 은혜라는 영원한 샘으로부터 구원의 복을 받았다. 어떤 측면에서 보면 성령은 죄인의 영혼에 직접 역사할 수 있고 또 그렇게 하시지만 거룩한 은혜를 전하시는 데 일정한 은혜의 방편을 사용하시는 것을 좋게 여기신다."라고 말한다. 그리스도께서는 교회라는 방편을 통하여 하나님의 사역을 이루어 가시기 때문에 교회는 중요한 은혜의 방편이라 말할 수 있다.[292]

예수 그리스도는 지금도 "성령의 역사를 통하여 택한 자들을 모으시고 그들을 변화시키며 자신의 영적인 몸을 세우신다. 그리고 이 위대한 사역을 위하여 교회에 온갖 영적 은사를 주시고, 특별히 택한 자들을 하나님 나라로 인도하는 말씀을 전하는 직분을 주셨다."[293]

하나님의 은혜의 방편인 설교는 예수 그리스도가 제정하신 객관적인 통로였으며, 예수 그리스도는 탁월한 설교자였다. 예수 그리스도를 반대했던 바리새인들과 사두개인들조차도 예수 그리스도를 '선생'이라고 불렀고 심지어 산헤드린 공의회 회원이었던 니고데모는 예수 그리스도를 찾아와서 "랍비여 우리가 당신을 하나님께로서 오신 선생인

---

[292] 루이스 벌코프, 『벌코프 조직신학』, p.865
[293] 루이스 벌코프, 『벌코프 조직신학』, p.865

줄 아나이다."라고 고백했다.[294] 유대 백과사전에서도 '비록 크리스챤이 아니라 할지라도 그가 위대하고 현명한 선생이었다는 사실은 인정된다. 그는 여태껏 살았던 그 어떤 사람보다 인류에 가장 큰 영향을 끼쳤다'고 기록하고 있다.[295]

예수 그리스도의 탁월한 가르침은 '내용'과 '인품'과 '방법'에 있었다.[296] 예수 그리스도의 가르침은 그 당시 종교지도자들이 가르치는 것과 아주 달랐다. 예수 그리스도가 공생애를 시작하시며 처음으로 하신 공적 설교가 산상수훈이라 일컫는 팔복이었는데 성경은 다음과 같이 기록하고 있다. "예수께서 이 말씀을 마치시매 무리들이 그의 가르치심에 놀라니 이는 그 가르치시는 것이 권위 있는 자와 같고 그들의 서기관들과 같지 아니함일러라."[297]

예수 그리스도는 하나님의 절대적인 대권 곧 신적 권위를 가지신 분으로 자신을 드러내셨다.[298] 그리고 실재적으로 말씀의 권위로 마음이 상한 자들과 병든 자들과 장애인들을 치유하셨고 심지어 죽은 자를 다시 살리시는 기적을 나타내셨다.

하나님의 은혜의 방편인 설교는 오늘날에도 예수 그리스도가 세우신 종들을 통하여 선포되고 있다. 그러나 안타깝게도 하나님의 말씀이 선포되는 곳에서 예수 그리스도가 행하신 기적을 보기가 어렵다. 하나님 말씀은 2천 년 전이나 지금이나 같은데 하나님 말씀이 선포되는 곳에서 왜 기적을 보기가 어려울까?

예수 그리스도가 살아계셨던 그 당시나 우리가 살아가는 현재에도 마음이 상한 자들이 많고 병든 자들과 장애인들, 그리고 귀신 들린 자

---

294) 요한복음 3장 2절
295) Matt Friedeman, 『이렇게 가르치셨다』, (서울 : 파이디온선교회, 1996)
296) 로버트 H. 스타인, 『예수님께서는 무엇을 어떻게 가르치셨는가』, 오광만 역, (서울 : 여수룬, 1992), p.41
297) 마태복음 7장 28절-29절
298) 마가복음 2장 5절-7절 : "예수께서 그들의 믿음을 보시고 중풍병자에게 이르시되 작은 자야 네 죄 사함을 받았느니라 하시니 어떤 서기관들이 거기 앉아서 마음에 생각하기를 이 사람이 어찌 이렇게 말하는가 신성모독이로다 오직 하나님 한 분 외에는 누가 능히 죄를 사하겠느냐."

들이 존재한다. 이들에게 하나님의 말씀을 듣게 하여 치유와 회복의 기적을 드러내는 것이 하나님의 영광을 위함이며 하나님의 뜻을 이루는 것이다. 그런데 왜, 하나님의 말씀은 선포되는데 기적은 확연하게 나타나지 않을까?

앞에서 필자가 언급한 바와 같이 예수 그리스도는 지금도 성령의 역사를 통하여 택한 자들을 모으시고 그들을 변화시키며 자신의 영적인 몸을 세우신다고 말했다. 그리고 이 위대한 사역을 위하여 교회에 온갖 영적 은사를 주시되 특별히 택한 자들을 하나님 나라로 인도하는 종으로 세우셨다고 말했다. 그렇다면 성령의 역사가 중단된 것인가 아니면 은혜의 통로인 거룩한 종의 문제인가?

성령의 역사는 중단되지 않았다. 성령의 역사는 현재뿐만 아니라 예수 그리스도의 재림 때까지 계속될 것이다. 문제는 은혜의 통로가 되어야 하는 사역자들에게 있으며, 은혜의 방편이 되어야 하는 그들의 설교에 있다. 다시 말하자면 살았고 운동력 있는 하나님의 말씀을 성령의 은혜로운 손길에 전적으로 의지하여 굳건한 믿음으로 전해야 한다는 것이다. 그리고 앞에서 언급한 바와 같이 가르쳐야 할 내용과 가르치는 자의 인격과 가르치는 수단이 되는 방법 또한 성령의 지혜와 도우심이 뒤따라야 한다.

설교는 세상의 사람을 변화시켜 하나님의 사람으로 만드는 거룩한 사역이다. 덧붙여서 언급하자면 상처받은 영혼과 온갖 병과 장애로 고통받는 사람들을 치유하고 회복시켜 하나님의 자녀요, 거룩한 공동체의 구성원으로 초대하는 거룩한 역사이다. 그러므로 설교자는 변화의 주체이신 성령을 절대적으로 의지해야 하며, 예수 그리스도의 모범을 따라야 한다.

인지 능력이 부족하거나 청각 기능을 상실한 장애인은 설교를 들을 수 있는가?

큰 개념으로 볼 때 인지 능력이 부족한 장애인에게 의사소통 장애는 당연히 따라온다. 그러나 이들과의 교감과 의사소통이 전혀 안 되는 것이 아니다. 단지 교감하고 소통하는 수단과 방법이 독특하며 제한이 따를 뿐이다. 그리고 청각장애인도 마찬가지이다. 그들과 교감하고 의사소통을 하는 것이 불가능하지 않다. 그들의 모어인 수어로 얼마든지 대화와 교감을 할 수 있다. 그 외에도 구화나 필담으로 의사소통 할 수 있다. 단지 비장애인과 의사소통 방식이 다르고 의사소통 수단을 활용하는 능력에 따라 차이가 있을 뿐이다. 비단 지적장애인과 청각장애인뿐만 아니라 모든 사람에게 변화를 기대하는 설교는 설교자의 능력과 인격과 방법도 중요하지만, 무엇보다도 성령의 은혜 베푸심이 중요하다는 것을 알아야 한다.

하나님의 말씀을 통하여 깨닫게 하시고 변화시키는 진리의 영이신 성령의 역사는 능력 있는 설교의 핵심이다. 어떤 사람에게라도 은혜를 공급하시며 변화시키시는 성령의 역사를 믿음으로 확신하고 의지하며 설교를 하는 것이 중요하다는 것이다. 한편으로 설교자는 자기중심의 설교보다는 청중에게 들리는 설교를 하고 있는가를 항상 생각해야 한다. 왜냐하면 성령은 설교자보다는 설교를 듣는 성도들의 변화에 관심을 두고 있기 때문이다.

성령의 역사는 인간의 이성과 언어를 초월하여 성도의 영혼에 직접 역사하시며 변화를 일으킨다. 비록 인지 능력과 집중력이 부족하거나, 심지어 강박관념을 가진 장애인이라 할지라도 마음과 태도를 변화시키며 하나님을 찬양하게 만드신다.

참고로 말씀드리면 발달장애인을 위한 설교 방법과 설교자료에 대

해 서는 장애인교회학교 사역매뉴얼을 참조하기 바란다.[299]

■ 더 깊은 연구를 위한 질문
설교자는 장애인들에게 어떻게 설교해야 하는가?

---

299) 김해용, 『장애인사역매뉴얼』, (서울 : 도서출판 한장연, 2016), p.172

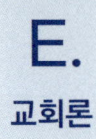

E. 교회론

5장

은혜의 방편인 예배

[장애인은 예배에 참여할 수 있는가?]

"아버지께 참되게 예배하는 자들은 영과 진리로 예배할 때가 오나니 곧 이때라 아버지께서는 자기에게 이렇게 예배하는 자들을 찾으시느니라 하나님은 영이시니 예배하는 자가 영과 진리로 예배할지니라."[300]

기독교의 예배란 무엇인가?

구약시대에는 하나님이 특정한 곳에 임재하신다고 여겨 특정한 곳에서 예배를 드렸다.[301] 실제로 하나님은 예배의 질서를 위하여 성소 제도를 세우셨다.[302] 출애굽 때에는 이동식 회막을 지어서 예배를 드리도록 하였고, 나라를 세운 후에는 솔로몬이 건축한 성전을 중심으로 더욱 조직적이고 체계적인 예배를 드리도록 하였다. 그 당시에는 성전은 하나였고, 회당은 여러 곳에 있었다. 따라서 유대인들은 예루살렘에서 예배를 드리는 것을 매우 중요하게 여겼다.

예수님도 스룹바벨 성전을 확대 개축한 헤롯 성전에서 결례를 행하셨고, 열 두 살 때 이 성전에 올라가 절기를 지키셨다.[303] 공생애를 시작하시면서부터는 안식일마다 회당 예배에 참석하셔서 말씀을 가르치셨다.[304] 이후에 예수님은 성전을 자신의 몸과 일치를 시키셨고 그의

---

300) 요한복음 4장 23절-24절
301) 출애굽기 40장 34절, 열왕기상 9장 2절-3절
302) 하나님께 예배를 드리기 위하여 따로 마련한 거룩한 곳을 말한다.
303) 누가복음 2장 22절, 24절, 누가복음 2장 41절-51절
304) 누가복음 6장 6절 등

죽음과 부활을 통하여 성전이 예표한 구속사역을 완성하셨다.[305]

앞에서 언급된 성경 본문의 내용은 하나님께 드리는 거룩한 예배가 장소에 제한받지 않고 예배를 드릴 수 있다는 예수님의 선언이었다. 다시 말하자면 예배의 장소나 방법, 그리고 조건과 형식의 문제가 아니라 예배의 대상 곧 하나님을 바로 알고 경배하는 것이 중요하다는 것을 말씀하신 것이다. 다시 언급하자면, 유대인이 아닌 비록 사마리아인이라 할지라도 하나님을 창조주로 인식하고 성령과 진리로 예배하는 것이 참 예배라는 것이다.

기독교의 예배란 무엇인가?

짧게 정리하자면 '성령의 거듭나게 하신 은혜로 예수 그리스도를 믿음으로 구원을 얻은 하나님의 자녀가 합당한 영광과 존귀를 하나님께 올려드리며, 거룩한 말씀을 듣고 몸과 마음으로 복종의 뜻을 표시하는 예식'이다.

기독교의 예배에서 중요한 점이 있다면 성령의 은혜로 진정한 마음으로 드리는 예배다. 예배자의 국적이나 피부색이나 성별이나 장애의 유무와 관계없이 성령의 은혜로 진정한 마음으로 드리는 예배자를 하나님은 찾으시며 그들의 예배를 받으신다는 것이다. 이것은 창세기에 나오는 가인과 아벨의 예배를 통해서도 확인할 수 있다. 하나님이 아벨과 그 제물을 받으신 것은 신령과 진정으로 예물을 드렸기 때문이었다.[306]

예배는 앞에서도 언급한 바와 같이 '성령의 거듭나게 하신 은혜로 예수 그리스도를 믿음으로 구원을 얻은 하나님의 자녀가 합당한 영광과 존귀를 하나님께 올려드리며, 거룩한 말씀을 듣고 몸과 마음으로 복종의 뜻을 표시하는 예식'이지만 한편으로는 '하나님이 베푸시는 은

---

305) 요한복음 2장 19절-22절
306) 창세기 4장 4절 : "아벨은 자기도 양의 첫 새끼와 그 기름으로 드렸더니 여호와께서 아벨과 그의 제물은 받으셨으나."

혜를 받아 죄의 용서와 마음의 치유와 변화로 말미암은 기쁨을 회복하고 믿음과 인격이 성장하는 것을 경험하는 것'이기도 하다. 그러므로 죄와 마음의 상처를 갖고 살아가는 사람들이 평안과 자유와 기쁨을 회복하는 유일한 방편이 예배의 자리로 나오는 것이다. 따라서 마음의 상처를 갖고 평안과 자유와 기쁨을 잊어버린 채 살아가는 장애인은 반드시 예배의 자리로 나와야 한다. 참된 예배의 감격은 거룩과 평안과 기쁨과 자유를 회복하는 샘물과 같다.

예배는 하나님이 인간들에게 베푸시는 가장 큰 은혜와 축복의 방편이다. 달리 말하면, 하나님이 우리를 만나주시는 복된 자리이자, 마음의 상처를 치유하고 회복하는 자리이다. 그러므로 교회는 상처로 얼룩진 사람들을 적극 찾아서 예배의 자리로 초청해야 한다.

본문에서 표현된 "아버지께서는 자기에게 이렇게 예배하는 자들을 찾으시느니라"는 용어는 헬라어로 "발견하다" "원하다"라는 뜻이다. 마치 예수 그리스도가 사마리아 연인을 찾아가시고 원하시는 것처럼 우리도 장애인을 찾아가고, 장애인이 예배의 자리로 나오는 것을 원해야 한다는 뜻이다.

장애인은 은혜의 방편인 예배에 참여할 수 있는가?

매주 주일은 계속되고, 예배도 있는데 장애인은 예배의 자리에 나아가는 것에 제한을 받으며 찾아갈 수 없는 것이 현실이다. 차별 없는 복음을 전하는 교회에서조차 유유상종이라는 세상의 논리에 사로잡혀 이기적인 집단으로 변모한 나머지 장애인을 일방적인 수혜대상이나 일반목회가 잘 이루어지고 난 다음에 돌봐도 좋을 이차적 대상으로 생각하지는 않는지 우려된다. 교회를 지도하는 책임이 있는 교역자의 무지와 무관심도 마지막 날에 책망을 받을 것이다. '한 생명이 천하보다 귀하다'는 예수 그리스도의 말씀은 어떤 이유로도 장애인이 무시와 무관심의 대상이 될 수 없음을 깨닫게 한다.

그렇다면 교회는 왜 장애인들의 예배 참여를 외면할까?

첫째, 장애인 선교를 교회 본연의 사명으로 인정하지 않기 때문이다. 다시 말하자면 부수적인 혹은 여력이 있을 때 감당할 사역으로 생각한다는 것이다.

둘째, 지도자와 교회의 장애인에 대한 인식이 부족하기 때문이다. 앞에서도 잠시 언급한 바와 같이 교회를 지도하는 교역자가 장애인에 대한 이해와 지식이 부족하기 때문이다.

셋째, 장애인이 교회 안에 들어오면 부정적 인식을 주고 위화감을 조성하며 위험한 상황을 초래한다고 생각하기 때문이다.

넷째, 전문사역자를 구하기 어렵고 예배환경 조성이 어려우며 예산이 많이 들어간다고 생각하기 때문이다.

다섯째, 장애인은 그 특성상 예배를 드리기 어려우며 교육의 대상이 아니라 단순한 돌봄의 대상이라고 생각하기 때문이다. 이외에도 여러 가지 합리화된 이유가 있다고 생각된다.

하나님에 대한 예배는 근본적으로 하나님의 일(Opus Dei)이다. 하나님은 예배라는 제도를 만드시고 하나님의 자녀를 찾으시며 그들의 예배를 받으시길 원하신다. 그런데 예배의 주체를 예배드리는 사람으로 이해하는 것은 매우 잘못된 것이다.

어느 누가 예배의 대상을 제한할 수 있는가? 현대 예배가 점차 하나님 중심의 예배가 아니라 사람 중심의 예배로 변질하고 있는 것은 심각한 문제다. 교회의 머리이신 예수 그리스도는 교회의 하나 됨과 건강한 체질을 갖기 원하신다. 그렇다면 장애인이 없는 교회가 어떻게 하나가 되었다고 할 수 있으며 건강한 체질을 가졌다고 말할 수 있는가?

하나님이 우리에게 베푸신 참사랑은 배타적이 아니라 포용적이다. 그리고 하나님이 베푸시는 치유와 회복의 은혜는 연약한 자를 예배의 자리로 초청하는 긍휼이다. 하나님의 긍휼은 인간의 고통에 대한 자연스러운 반응이다. 만일 목회를 하는 교역자가 긍휼의 마음과 자세를 갖지 않는다면 "긍휼을 행하지 아니하는 자에게는 긍휼 없는 심판이 있으리라 긍휼은 심판을 이기고 자랑하느니라"[307]는 야고보의 말을 꼭 기억해야 한다.

긍휼이란 고통당한 사람의 마음속 상처를 지워주는 지우개와 같다. 그리고 긍휼은 하나님을 만날 수 있는 사다리와 같은 역할을 한다. 그러므로 교역자는 마음의 상처를 입은 사람들에게 친절하게 대해야 한다. 왜냐하면 하나님은 긍휼하신 분이기 때문이다.

하나님은 장애인을 찾고 있으며 그들이 예배의 자리로 초청되길 원하신다. 그러므로 교회는 다시는 은혜의 방편인 장애인의 예배에 대하여 무관심하거나 무시하면 안 된다. 그리고 장애인 예배를 필요 때문에 하는 선택적 사역이나 여유가 있을 때 하는 부차적인 사역으로 인식해서도 안 된다. 교회는 지역사회에 속해 있는 장애인들을 긍휼과 선교의 대상으로 인식하고 그들의 영혼을 구원하기 위하여 그들을 초청해야 한다. 주일은 있고 예배는 있는데, 갈 곳을 찾지 못하는 장애인들에게 교회는 기다리지 말고 찾아가야 한다.

■ 더 깊은 연구를 위한 질문

교회는 왜 장애인 사역을 선택적으로 하는가?

---

[307] 야고보서 2장 13절

E. 교회론

6장
은혜의 방편인 세례
[장애인은 세례를 받을 수 있는가?]

기독교의 세례란 무엇인가?

은혜의 방편인 성례는 세례와 성찬을 의미한다. 성례란 예수 그리스도가 제정하신 거룩한 규례로서 은혜로운 약속을 믿는 성도들에게 하나님에 대한 신앙과 충성을 표현하는 것이다. 세례는 예수 그리스도가 화목의 사역을 마치신 후에 직접 제정하셨으며, 부활 시에 하나님의 승인을 받았다.[308] 사도들은 성부와 성자와 성령의 이름으로 세례를 주도록 명령받았다.

세례는 신약성경에서 '씻는다' 혹은 '정결케 하다'라는 뜻으로 사용되었다.[309] 이를테면 세례가 우리의 죄를 씻는다는 것을 의미한다는 뜻이다. 그리고 말씀이 믿음을 일으키는 수단이라면 세례는 믿음을 강화시키는 방편이다. 세례는 중생, 믿음, 회심 그리고 칭의를 전제로 한다. 왜냐하면, 세례가 하나님의 은혜의 행위를 대표하기 때문이다. 따라서 세례는 단순한 의식이 아니라 새 생명의 탄생을 알리며, 그리스도인이 됨을 공적으로 알리는 거룩한 예식이며, 한편으로 하나님과 은혜로운 계약을 맺는 것을 의미한다.[310]

---

308) 마태복음 28장 19절-20절 : "그러므로 너희는 가서 모든 민족을 제자로 삼아 아버지와 아들과 성령의 이름으로 세례를 베풀고 내가 너희에게 분부한 모든 것을 가르쳐 지키게 하라 볼지어다 내가 세상 끝날까지 너희와 항상 함께 있으리라 하시니라."
루이스 벌코프, 『벌코프 조직신학』, p.886
309) 히브리서 9장 10절 : "이런 것은 먹고 마시는 것과 여러 가지 씻는 것과 함께 육체의 예법일 뿐이며 개혁할 때까지 맡겨 둔 것이니라."
310) 로마서 11장 17절 : "또한 가지 얼마가 꺾이었는데 돌감람나무인 네가 그들 중에 접붙임이 되어 참감람

장애인은 세례를 받을 수 있는가?

발달장애인을 둔 부모는 자녀의 구원이 간절한 소원이다. 따라서 은혜 언약의 표지(sign)이자 인침이 되는 세례를 자녀가 받을 수 있기를 소망한다. 그러나 교회는 지금까지도 발달장애인 세례에 대한 제도적 방편을 마련하는 데 관심이 없다. 이것은 발달장애인을 선교와 목회의 대상으로 생각하지 않는다는 반증이다. 발달장애인의 세례는 성도가 갖는 권리의 문제이자 교회 사역의 본질적 문제이다. 그러므로 시급히 발달장애인 세례 규정을 마련하는 것이 중요하다고 생각된다. 참고로 한국장애인사역연구소가 발달장애인에 대한 세례 규정을 마련하여 장애인교회학교에서 활용하면 좋을 운영지침서를 보급하고 있는데 그것을 참고하는 것이 도움이 될 것이다.[311]

그렇다면 교회는 오랫동안 발달장애인의 세례에 대하여 왜 제도적 방편을 마련하지 못했는가? 교회사를 회고해 볼 때, 교회는 적어도 장애인 문제만큼은 복음을 통해 사회를 변화시키는 대신 오히려 사회 통념에 의해 변질하는 모습을 보여 왔기 때문이다.[312]

2021년 기준으로 보건복지부에서 발표한 장애인 수를 살펴보면 등록장애인 2,645,000명 중에 지적장애인이 222,000명(8.4%), 뇌병변장애인이 248,000명(9.4%), 자폐성 장애인이 34,000명(1.3%), 정신장애인이 104,000명(4.0%)이며 청각장애인이 435,000명(16.4%)다. 여기에 중복장애인이 합쳐진다면 그 수가 더 늘어난다. 일반적으로 장애인의 10%를 기독교인으로 생각한다면 최소한 26만명 이상이 되는데 이들을 위한 세례의 방편을 마련하지 않는다면 심각한 문제가 아닐 수 없다.

1975년 국제연합총회(유엔)에서 제정한 '장애인권리선언'에 의하면

나무 뿌리의 진액을 함께 받는 자가 되었은즉."
311) 김해용, 『장애인사역매뉴얼』, (서울 : 도서출판 한장연), 2016
312) 안교성, 『장애인을 잃어버린 교회』, p.33

장애인은 다른 시민과 똑같은 기본권을 가진다고 명시하고 있다. 그렇다면 이들의 영적 권리이자 기본권은 누가 담당해야 하는가?

교회는 장애인의 물질적인 평등을 논하기 이전에 최소한 그들의 공정한 영적 기회를 책임져야 한다. 은혜의 방편인 세례는 예수 그리스도가 직접 제정하신 것으로 모든 민족을 대상으로 예수 그리스도를 주라 고백하는 모든 사람에게 차별 없이 베푸시는 거룩한 약속이다. 만일 교회가 장애를 가진 이유로 차별적 자세를 갖는다면 하나님의 정의를 부르짖고 실천하는 교회로서 이율배반적인 자세가 아닌지 묻고 싶다. 또한 유대 사회의 바리새인과 서기관들과 다를 바가 무엇인지 묻고 싶다.

종교개혁자 마르틴 루터에 의하면 참된 신학은 십자가의 신학이다. 이 신학은 인간이 예수 그리스도의 고통과 겸허의 결정인 십자가를 통해서 하나님을 알 수 있다는 견해이다. 즉, 하나님을 아는 지식에서 십자가가 표준이 된다는 것이다.[313] 십자가는 고통과 고난으로부터 해방을 주는 동시에 의미 있는 고통과 고난으로부터의 초대이다. 모든 사람은 십자가로 초대받는다. 거기에는 장애 유무와 관련이 없다. 어떤 연약한 사람이라도 초대되어야 하며, 오히려 연약한 사람들이 참 해방을 맛볼 수 있게 해야 한다. 십자가는 우리에게 "연약함 속의 능력(strength in weakness)"을 깨닫게 해주며 새로운 힘을 갖게 한다.[314]

발달장애인을 위한 예배와 제도가 마련되어 있지 않거나 예배에 참석할 수 없는 환경을 만드는 것은 그들이 교회에 오지 못하도록 보이지 않는 장벽을 설치해 놓은 것이며 무언의 배척을 하는 것이다. 예수 그리스노의 모범에서 살펴볼 때, 장애인은 예수 그리스도의 관심의 대상이자 일차적 선교의 대상이었다. 따라서 예수 그리스도의 모범을 따르며 그 명령을 지켜야 할 교회가 귀를 닫는다면 마땅히 책망이 따를

---

313) 안교성, 『장애인을 잃어버린 교회』, p.34
314) 안교성, 『장애인을 잃어버린 교회』, p.35

것이다.

  앞에서 이미 언급했지만, 발달장애인의 세례는 성도가 갖는 영적 권리의 차원에서 뿐만 아니라 교회의 본질과 당위성의 문제로서 시급히 마련되어 시행되어야 한다. 교회가 발달장애인에게 세례를 베풀고 영적 가족 구성원으로 받아들인다면 교회는 은혜와 축복의 통로로서 인정을 받을 것이며, 하나님의 정의를 실천하는 곳으로 그리고 기적을 경험하는 현장으로 드러날 것이다.

■ 더 깊은 연구를 위한 질문
설교자는 장애인들에게 어떻게 설교해야 하는가?

E. 교회론

7장
은혜의 방편인 성찬
[장애인은 성찬에 참여할 수 있는가?]

"그들이 먹을 때에 예수께서 떡을 가지사 축복하시고 떼어 제자들에게 주시며 이르시되 받아서 먹으라 이것은 내 몸이니라 하시고 또 잔을 가지사 감사 기도하시고 그들에게 주시며 이르시되 너희가 다 이것을 마시라 이것은 죄 사함을 얻게 하려고 많은 사람을 위하여 흘리는 바 나의 피 곧 언약의 피니라 그러나 너희에게 이르노니 내가 포도나무에서 난 것을 이제부터 내 아버지의 나라에서 새것으로 너희와 함께 마시는 날까지 마시지 아니하리라 하시니라."[315]

기독교의 성찬이란 무엇인가?

성찬은 예수 그리스도께서 제정해 주신 것으로서 예수님의 죽음을 상징적으로 표현한다. 그리고 성찬은 십자가에 못 박히신 예수 그리스도의 죽음에 동참하기로 믿음으로 작정하는 것이며 상호연합을 의미한다. 한편으로 은혜의 방편인 성찬은 믿음으로 참여한 자에게 예수 그리스도의 영적 임재를 경험하게 한다. 따라서 성찬은 교제의 은혜이자, 영적 자양분을 공급받아 성장하는 은혜이며, 구원의 확신을 점점 증가시키는 은혜이다.

은혜의 방편인 성찬은 무차별하게 모든 사람을 위하여 제정된 것이 아니라 오직 예수 그리스도를 주님이라고 고백하는 신앙을 가진 사람

---
[315] 마태복음 26장 26절-29절

들을 위하여 제정되었다. 그렇다면 성찬에 참여해서는 안 될 사람은 누구인가? 기본적으로 성찬은 교회를 위한 것이기 때문에 교회 밖에 있는 사람은 참여할 수 없다. 그래서 몇 가지 제한이 필요하다. 교회 안에 자리를 차지하고 있다고 해서 성찬에 참여할 수 있는 것은 아니다.

다음과 같은 예외 조항에 주목할 필요가 있다.

첫째, 바울 사도는 성찬에 참여하기 전에 자신을 살필 것을 강조했다. "사람이 자기를 살피고 그 후에야 이 떡을 먹고 이 잔을 마실지니."[316] 다시 말하자면 성도라고 해도 부도덕한 행위가 있을 때는 먼저 회개하고 깨끗한 마음으로 성례에 참여해야 한다는 말이다.

둘째, 유형 교회의 영역 안에 있는 불신자들도 성찬에 참여할 수 없다. 교회는 성찬에 참여하기를 원하는 모든 사람에게 신뢰할 만한 신앙 고백을 요구해야 한다. 교회는 마음속을 들여다볼 수 없다. 따라서 성찬에 참여하기를 원하는 사람에 관한 판단은 예수 그리스도에 대한 신앙고백에 의존할 수밖에 없다.

셋째, 심지어 성도라 할지라도 어떤 상황에서나, 그리고 어떤 마음의 상태에서나 항상 성찬에 참여할 수 있는 것은 아니다. 그들의 영적 생활의 상태나 하나님과의 관계 또는 그들이 동료 그리스도인들에 대하여 보이는 태도에 따라 성찬 예식과 같은 영적인 행사에 참여할 자격을 잃을 수도 있다. 이 점을 바울 사도는 명확히 밝히고 있다.[317]

성도 중에 어떤 사람이 예수 그리스도로부터 멀리 떠나 있다든지 형제들로부터 멀리 떠나 있음을 의식하는 경우, 그는 성도의 교통이라는 측면에서 성찬에 참여할 자격을 잃은 것이다. 그러나 구원의 확신이 모자란다고 해서 성찬에 참여할 수 없는 것은 아니다. 왜냐하면 성찬은 믿음을 강화시키기 위한 바로 그 목적으로 제정된 것이기 때문이

---

316) 고린도전서 11장 28절
317) 고린도전서 11장 28절-32절

다.[318]

장애인은 성찬에 참여할 수 있는가?

당연히 그렇다고 말할 수 있으며 그래야만 한다. 왜냐하면, 장애인 중에도 흔들리지 않는 믿음을 갖고 신앙생활을 모범적으로 하는 사람들이 많이 있기 때문이다. 비록 지적 능력이 부족하여 분별력이 다소 떨어진다 할지라도 믿음의 마음을 갖고 있고 신앙생활에 성실한 태도를 보인다면 오히려 성찬에 적극 참여토록 하여 예수 그리스도의 관계와 믿음이 강화되도록 해야 한다. 이것이 앞에서 말한 바와 같이 성찬의 목적 중 하나이기 때문이다.

현대 교회에서 시행되는 성찬은 본래의 목적과 의미가 무시되고 있다. 대체로 보면 일 년에 몇 차례 치르는 정도의 행사로 진행된다. 필자가 경험한 성찬에 참여한 장애인들은 매우 신중했고 그 의미를 생각하며 믿음으로 참여했다. 이런 것을 생각해 볼 때 장애인들에게 성찬을 강조하고 시행하는 것은 이성화되고 형식화되어버린 현대의 교회 성찬에 좋은 해독제 역할을 할 수 있다. 한편 예수 그리스도에 대한 신앙을 고백하는 장애인들에게 교회가 성찬 예식을 진행한다면 교회 구성원으로서 그들을 적극 수용한다는 표현이므로 자긍심을 갖게 되고 더욱 성실하게 신앙생활을 하게 될 것이다. 한편으로 성찬이 종말론적으로 어린양의 혼인 잔치의 전조라고 생각한다면 천국에 대한 소망이 강화될 것이며 장애로 말미암은 어려움을 극복하는 데 도움이 되리라 생각한다.

문제는 인지가 부족하거나 언어로 대화하기가 어려운 발달장애인을 대상으로 성찬 예식을 진행하는 것이다. 세례를 받은 장애인이 있다면, 그리고 그들의 방식으로 믿음을 고백할 수 있다면, 성찬도 그들이

---

318) 루이스 벌코프, 『벌코프 조직신학』, p.923

이해하고 소통하는 방식으로 진행하면 되는 것이다. 예를 들자면 구어적 표현이 가능한 사람과 신체적 표현이 가능한 사람, 그리고 표현이 어려운 사람을 구분해서 그들이 이해하는 방식 곧 음성언어나 몸짓언어 그리고 수어나 그림이나 영상 등으로 믿음의 고백을 살피며 성찬을 진행하면 될 것이다. 표현이란 표면적 언어 양식의 문제가 아니라, 심층의 의미를 소통하는 행위이기 때문이다. 이를 위하여 도서출판 한장연에서 발간한 '장애인교회학교 사역매뉴얼'을 참고하면 좋으리라 생각된다.

성찬은 예수 그리스도께서 교회에 명령하신 것으로 천국 잔치의 예표다. 그러므로 누구든지 지극히 작은 믿음을 가졌다면 그 사람을 예수 그리스도가 피로 값 주고 사신 존재이며 천국 시민이 된 것을 깨닫고, 믿음을 굳게 하는 성찬에 참여시키는 것이 좋을 것이다.

■ 더 깊은 연구를 위한 질문
중증장애인은 성찬 예식을 어떻게 진행해야 하는가?

장애 신학
Disability Theology

조직신학으로 이해하는 발달장애인 사역

F. 종말론

1장. 종말의 의미 (장애인에게 종말을 어떻게 가르쳐야 하는가?)

2장. 죽음의 본질과 죄 (장애인은 죄에 대한 책임을 지는가?)

3장. 영혼의 불멸과 증거 (세례받은 장애인은 어떻게 되는가?)

4장. 예수님의 재림과 증거 (장애인은 부름의 대상이 되는가?)

5장. 천년왕국과 특징 (장애인에게 어떻게 가르쳐야 하는가?)

6장. 죽은 자의 부활 (장애인은 어떻게 부활하는가?)

7장. 최후의 심판 (장애인은 심판의 대상이 되는가?)

F. 종말론

1장

종말의 의미
[장애인에게 종말을 어떻게 가르쳐야 하는가?]

"아이들아 지금은 마지막 때라 적그리스도가 오리라는 말을 너희가 들은 것과 같이 지금도 많은 적그리스도가 일어났으니 그러므로 우리가 마지막 때인 줄 아노라."[319)

"그는 창세 전부터 미리 알린 바 되신 이나 이 말세에 너희를 위하여 나타내신 바 되었으니."[320)

종말이란 무엇인가?

말세 혹은 종말이라는 단어는 성경에서 분명하게 언급하고 있다. 개인이 죽는다면 그 후에 어떤 상태에 이르는가? 또한 세상의 종말이 있다면 그 후에는 어떤 일이 일어나는가? 궁금하지 않을 수 없다. 먼저 개인적 종말 곧 죽음에 대하여 살펴보자. 성경에서는 인간의 죽음을 영적 죽음, 육체적 죽음, 영원한 죽음의 세 가지로 구분하는데, 그중에서 눈으로 볼 수 있는 육체적 죽음은 분리의 개념으로 설명한다. "육체적 죽음은 육체와 영혼의 분리로 말미암은 육체적 생명의 종결이다. 육체적 죽음은 결코 멸절이 아니니… 죽음은 존재의 소멸이 아니라 생의 자연적 관계들의 분리이다."[321)

한편으로 성경은 인간의 육체적 죽음은 필연이라고 설명한다. "그

---

319) 요한일서 2장 18절
320) 베드로전서 1장 20절
321) 루이스 벌코프, 『기초교의신학 내세론』, p.40

러므로 모든 육체는 풀과 같고 그 모든 영광은 풀의 꽃과 같으니 풀은 마르고 꽃은 떨어지되 오직 주의 말씀은 세세토록 있도다 하였으니 너희에게 전한 복음이 곧 이 말씀이니라."[322] "한 번 죽는 것은 사람에게 정해진 것이요 그 후에는 심판이 있으리니."[323]

그렇다면 육체적 죽음이 모든 사람에게 찾아온 원인이 무엇인가?

육체적 죽음의 원인은 죄로 말미암은 형벌 때문이었다. "선악을 알게 하는 나무의 열매는 먹지 말라 네가 먹는 날에는 반드시 죽으리라 하시니라."[324] 이처럼 죽음은 죄로 말미암아 인간에게 찾아온 형벌의 개념으로서 외래적이며 결코 인간 존재 안에 지니고 있는 자연적, 내재적인 것은 아니다.

그렇다면 성도들에게 죽음을 어떻게 가르쳐야 하는가?

첫째, 이 세상에 대하여 절망하지 않을 것을 가르쳐야 한다. 왜냐하면, 하나님이 지으신 집 곧 손으로 지으신 것이 아닌 하늘에 있는 영원한 집이 있기 때문이다.[325]

둘째, 내세에 대하여 무서워하지 말 것을 가르쳐야 한다. 불신자들에게는 죽음이 이 세상의 소망이 끊어지는 사건일 뿐만 아니라 무서운 불지옥에 들어가는 관문이기 때문에 죽음 앞에서 공포에 떨 수밖에 없다. 그러나 하나님의 성도들에게 있어서는 죽음이 애통해 하는 것이나 곡하는 사건이 아니라 무거운 십자가를 벗고 아픔이 없는 하나님 나라에 들어가는 관문이요, 의의 면류관과 생명의 면류관을 받아쓰는 일이기 때문에 공포 대신 기쁨과 감격이 넘치는 일이다.

셋째, 남은 생애에 대하여 그리고 남은 생애 동안 사명을 위하여 달음질 하도록 가르쳐야 한다. 왜냐하면, 모든 성도에게는 예수 그리스

---

322) 베드로전서 1장 24절-25절
323) 히브리서 9장 27절
324) 창세기 2장 17절, 그 외 창세기 3장 19절, 로마서 5장 15절-17절, 로마서 6장 23절, 야고보서 1장 15절
325) 고린도후서 5장 1절 : "만일 땅에 있는 우리의 장막 집이 무너지면 하나님께서 지으신 집 곧 손으로 지은 것이 아니요 하늘에 있는 영원한 집이 우리에게 있는 줄 아느니라."

도가 주신 명령 곧 복음을 전파해야 할 사명이 있기 때문이다.[326]

넷째, 죽음 자체를 축복으로 오인하지 말 것을 가르쳐야 한다. 왜냐하면, 죽음 자체는 범죄의 결과이고 형벌이며 인간의 원수이기 때문이다. "그가 모든 원수를 그 발 아래에 둘 때까지 반드시 왕 노릇 하시리니 맨 나중에 멸망 받을 원수는 사망이니라."[327]

장애인에게 종말을 어떻게 가르쳐야 하는가?

앞에서 언급한 것과 같은 내용으로 가르쳐야 한다. 단지 장애인들은 이성적 사고와 교리적 이해가 어려울 수 있기 때문에 시각 자료를 활용하여 실제적이고 직관적으로 가르치는 것이 중요하다. 육체적인 죽음과 영적 죽음이라는 개념도, 그리고 하나님 나라에 대한 개념도 사실 이해하기가 매우 어렵다. 사실인즉 발달장애인들에게 일어나지 않은 미래 사건을 유추하도록 요구하는 것은 배우고자 하는 열정을 포기하게 하는 일이다.

그러므로 장애인들에게 종말과 종말 이후의 삶에 대하여 가르치려면 쉽게 이해될 수 있는 흥미로운 방법을 사용해야 한다. 예수님도 사람들을 가르치실 때 실물을 보여주시거나 주위에서 흔히 볼 수 있는 다양한 교육자료를 활용하여 쉽게 가르치셨다. 특히 이해하기 쉽게 가르치기 위하여 비유를 들어 사용하셨다. 그리고 말씀을 듣는 사람들이 집중할 수 있는 환경을 지혜롭게 활용하셨고, 다양한 가르침의 방법을 사용하셨다. 그러므로 가르치는 교사는 가장 적절한 방법을 찾아서 효과적으로 가르쳐야 한다.

창조적인 가르침은 반드시 열매를 맺는다. 열매를 맺지 못한 가르침

---

326) 마태복음 28장 19절-20절 : "그러므로 너희는 가서 모든 민족을 제자로 삼아 아버지와 아들과 성령의 이름으로 세례를 베풀고 내가 너희에게 분부한 모든 것을 가르쳐 지키게 하라 볼지어다 내가 세상 끝날까지 너희와 항상 함께 있으리라 하시니라."
사도행전 20장 23절-24절
327) 고린도전서 15장 25절-26절

은 시간 낭비일 뿐이다. 기독교 교육의 대가 하워드 헨드릭슨은 누구에게나 적용 가능한 창조적인 6가지 교수 방법을 다음과 같이 제시한다.

첫째, 방법이나 활동이 학습자의 능력 수준과 성숙도에 적합한지 확인해 보라.

둘째, 학습자의 흥미를 유발하는 몇 가지 활동을 제시하라.

셋째, 학습자의 관심을 지속시키고 지루하지 않게 할 다양한 방법을 제시하라.

넷째, 학습자의 성공을 보증해 주는 분명한 지침들을 포함하라.

다섯째, 학습자가 지식, 이해, 적용의 과정을 통해 생각하도록 돕는 질문들을 포함하라.

여섯째, 학습자의 관심과 동기를 지지해 주는 지침과 격려를 포함하라.[328]

16세기가 낳은 천재 예술가 미켈란젤로는 "나는 아직도 배우고 있다(Ancora Imparo)"라고 말했다. 미켈란젤로의 말을 통해 우리가 깨달아야 할 것이 있다면 장애인을 가르치는 교사들이 끊임없이 배우고 또 배워야 한다는 것이다. 왜냐하면, 교사가 가진 것이 없다면 학생에게 나눠줄 것도 없기 때문이다. 앞의 장에서 언급한 바와 같이 히브리어에서는 '가르친다(lamad)'와 '배운다(limmud)'의 단어 어근이 'l-m-d'로 같다.[329] 이러한 사실은 뛰어난 교사는 부지런히 배우는 학생이 되어야 한다는 사실을 일깨워 준다.

개인적인 경험을 떠올리면 장애인들에게 육체적 종말과 하나님 나라에 들어가는 것을 가르치는 것이 어렵지 않았다. 왜냐하면, 장애인들이 어려운 주제인 육체적 죽음과 하나님 나라에 들어가는 것을 쉽게 받아들였기 때문이다. 그 이유를 굳이 찾자면 육체적 죽음의 이유인 죄와 그로 말미암은 형벌적 개념에 대한 이해가 부족해서 그런 것 같

---

328) 케네스 갱글, 『참된 기독교 교육자를 만드는 교수법』, 유명복 역, (서울 : 파이디온선교회, 1994),p.202
329) 매트 프리드만, 『이렇게 가르치셨다』, (서울 : 파이디온선교회, 1995), p.49

기도 하고, 한편으로는 죽음으로 말미암아 하나님 나라에 가기 때문이라는 소망과 기대가 있기 때문에 쉽게 받아들이는 것 같았다. 따라서 대체로 장애인들은 육체적 죽음을 고통의 문제이며 두려운 것으로 받아들이지 않는 것처럼 느껴졌다.

천국을 소망하는 그리스도인들은 개인적 종말을 부활과 영생으로 연결 짓는다. 이 세상에서의 고통과 슬픔의 삶을 마치면 하나님 나라에서 구속받지 않는 자유와 만족하는 행복한 삶을 영원히 사는 것을 소망하면서 죽음을 맞이한다. 장애인들에게도 이와 같은 내용을 당연히 가르쳐야 한다고 여겨진다. 장애인은 가르치는 내용을 단순하고 간결하게 받아들인다. 그러므로 장애인들에게 무겁고 어려운 주제인 종말을 쉽고 단순하게 가르치는 것이 좋다고 생각된다.

■ 더 깊은 연구를 위한 질문

장애인의 개인적 종말은 그 부모에게 어떤 의미가 있는가?

F. 종말론

2장

죽음의 본질과 죄

[장애인은 죄에 대한 책임을 지는가?]

죽음의 본질은 무엇인가?

앞 장에서 육체적 죽음의 이유와 그 의미를 살펴보았다. 그렇다면 육체적 죽음의 본질은 무엇일까? 성경은 육체적 죽음의 본질을 다양하게 설명하고 있다. 그러나 한 문장으로 설명하자면 육체적 죽음이란, 몸과 영혼의 분리에 의한 육체적 생명의 종결이다.[330] 어떤 종파에서는 육체적 죽음을 소멸이라고 말하지만 결코 소멸이 아니다. 왜냐하면, 삶과 죽음은 존재와 비존재로 대립되는 것이 아니라 단지 서로 다른 존재의 양태로서만 대립하는 것이기 때문이다.[331] 사실 죽음이 무엇인지를 정확하게 말하는 것은 거의 불가능에 가깝다. 죽음을 육체적 생명의 중지라고 말할 수 있지만 그러면 "생명이란 과연 무엇인가?"라는 질문이 또 당장 생겨난다. 거기에 대해선 우리가 답변하기 어렵다.

우리는 본질 자체로서의 생명은 알지 못하고 단지 그 관계들과 행위 속에서만 그 생명을 알 수 있을 뿐이다. 그리고 경험이 가르쳐 주는 바는 이렇게 생명이 끊어지고 멈추어지는 곳에서 죽음이 들어온다는 것이다. 그리고 죽음은 생명의 자연적 관계의 파괴를 의미하며, 이러한 파괴는 육체적 죽음이라는 몸과 영혼의 분리 때문에 생긴다.

앞 장에서도 언급한 바와 같이 인간의 육체적 죽음의 원인은 죄로

---

330) 루이스 벌코프, 『벌코프 조직신학』, p. 935
331) 루이스 벌코프, 『벌코프 조직신학』, p. 936

말미암은 하나님께서 내리신 형벌 때문이었다. "선악을 알게 하는 나무의 실과는 먹지 말라 네가 먹는 날에는 정녕 죽으리라 하시니라."[332] 최초의 죄는 아담을 통해 나타나며, 죄의 본질을 명백하게 보여 준다. 지성에서 불신앙과 교만으로 나타났고, 의지에서는 하나님과 같이 되고자 하는 욕망으로 나타났으며, 감정에서는 금단의 열매를 먹음으로 방종한 것으로 나타났다. 아담의 타락은 뱀의 유혹으로 말미암았으나 그 결과는 하나님의 형상 곧 거룩함과 참지식을 상실하였고 부패하였으며, 결국은 죽는 것이었다. 이것이 죄로 말미암은 형벌의 결과다.

한편으로 바울 사도는 "그러므로 이제 그리스도 예수 안에 있는 자에게는 결코 정죄함이 없나니"라고 말했다.[333] 그렇다면 성도가 육체적 죽임을 당하는 이유는 무엇인가?

하나님은 믿음으로 의롭다 함을 받은 성도들을 에녹과 엘리야처럼 직접 천국으로 데려가셔도 하나님의 공의에 모순이 되지 않는다. 그럼에도 외형적으로 불신자와 똑같이 성도들에게도 죽음을 허락하시는 이유는 무엇일까?

첫째, 징계의 의미가 있다. 성도의 육체적 죽음은 결코 형벌이 아니다. 성도는 이미 정죄에서 벗어나 죄와 사망의 법에서 해방되었음을 성경은 분명히 선언하고 있다.[334] 그러나 예수 그리스도 안에 있으면서도 아직 완전히 성화 되지 못하였기 때문에 실수하고 범죄의 자리에 떨어진다. 그러므로 하나님이 그 자녀를 사랑하시기에 범죄에서 돌이켜 회개하고 돌아오게 하시려고 징계하신다. 성도의 육체적 죽음에는 이런 징계로서의 의미가 담겨 있다.[335]

여기서 징계란 말의 의미를 좀 깊이 살펴볼 필요가 있다. 히브리서

---

332) 창세기 2장 17절
333) 로마서 8장 1절
334) 로마서 8장 1절-2절 : "그러므로 이제 그리스도 예수 안에 있는 자에게는 결코 정죄함이 없나니 이는 그리스도 예수 안에 있는 생명의 성령의 법이 죄와 사망의 법에서 너를 해방하였음이라."
335) 잠언 3장 12절, 히브리서 12장 5절-13절

12장 5절에서 언급하고 있는 하나님의 징계는 헬라어로는 '파이데이아'로, 그리고 영어로는 'The discipline'으로 나타나는데 그것은 '교육' 또는 '훈련'이라는 의미다. 즉 바르게 하려고 고난을 통해 훈련한다는 뜻이다. 다시 말하자면 하나님이 그 자녀에게 징계하신다는 것은 매우 긍정적인 의미를 담고 있다. 그러므로 하나님은 성도의 죽음을 귀하게 여기신다고 말씀하신 것이다. "그의 경건한 자들의 죽음은 여호와께서 보시기에 귀중한 것이로다."[336)]

둘째, 연단으로서 의미가 있다. 성도가 가진 불신앙적 요소 곧 불순물을 제거시킴으로써 보다 순수하고 참된 신앙을 갖게 하는 하나님의 은혜로운 역사로서 연단의 의미가 있다. "믿음의 주요 또 온전하게 하시는 이인 예수를 바라보자 그는 그 앞에 있는 기쁨을 위하여 십자가를 참으사 부끄러움을 개의치 아니하시더니 하나님 보좌 우편에 앉으셨느니라."[337)]

성도는 죽음이 시시각각으로 다가오는 것을 의식할 때 하나님 앞에 서게 될 날을 생각하면서 겸손해지고 자신의 신앙을 가다듬고 성결한 생활을 하게 된다. 이런 의미에서 죽음이 연단의 의미가 있다고 보는 것이다.

장애인은 자신의 죄에 관한 책임을 지는가?

이에 대한 설명에 앞서서 먼저 생각해 보아야 할 부분이 있다. 그것은 "인지와 의지가 거의 없는 중증장애인은 스스로 죄를 지을 수 없지 않을까?"라고 생각할 수 있지만 "어떻게 천사와 같은 중증장애인에게 죄에 관한 책임을 져야 한다고 말할 수 있지?"라는 의구심을 가질 수도 있을 것이다. 바울 사도는 세상에 의인이 하나도 없다고 말했다. "모든 사람이 죄를 범하였으매 하나님의 영광에 이르지 못하더니"라고

---
336) 시편 116편 15절
337) 히브리서 12장 2절

말했다.[338]

시편 기자도 세상의 모든 사람이 죄를 범하였다는 사실을 다음과 같이 말했다. "하나님이 하늘에서 인생을 굽어살피사 지각이 있는 자와 하나님을 찾는 자가 있는가 보려 하신즉 각기 물러가 함께 더러운 자가 되고 선을 행하는 자 없으니 한 사람도 없도다 죄악을 행하는 자들은 무지하냐 그들이 떡 먹듯이 내 백성을 먹으면서 하나님을 부르지 아니하는도다."[339] 더 나아가서 살펴면 전도서 기자도 다음과 같이 말했다. "선을 행하고 전혀 죄를 범하지 아니하는 의인은 세상에 없기 때문이로다."[340]

이상과 같이 성경이 말씀하시는 바를 살펴볼 때 어떤 장애인도 죄인의 범주에서 벗어나지 못한다는 사실을 알려준다. 그 이유가 무엇인가?

첫째, 뱀의 유혹으로 말미암아 첫 사람 아담의 범죄로 그의 후손인 모든 사람이 죄인으로 태어난다는 원죄 때문이다.[341] 성경은 아담의 죄가 모든 사람에게 전가되었음을 밝히고 있다.[342] 전가되었다는 의미는 죄에 관한 책임과 죄로 말미암은 오염이 전가되었다는 뜻이다. 그것은 인간의 심령 전체를 부패시켰으며 또한 전 인류를 부패시켰다는 것이다. 그러므로 이성과 의지가 약하여 죄를 짓기 어려운 중증장애인이라 할지라도 타락한 본성을 갖고 태어났기 때문에 하나님의 은혜가 필요한 죄인이라는 것이다. 그렇다면 중증장애인들에게 죄가 전가되었다는 증거는 무엇인가? 그것은 중증 장애인도 죄의 결과인 죽음을 피할 수 없다는 점이다.

---

338) 로마서 3장 23절
339) 시편 53편 2절-4절
340) 전도서 7장 20절
341) 로마서 5장 12절 : "그러므로 한 사람으로 말미암아 죄가 세상에 들어오고 죄로 말미암아 사망이 들어왔나니 이와 같이 모든 사람이 죄를 지었으므로 사망이 모든 사람에게 이르렀느니라."
342) 로마서 5장 19절 : "한 사람이 순종하지 아니함으로 많은 사람이 죄인 된 것 같이 한 사람이 순종하심으로 많은 사람이 의인이 되리라."

둘째, 장애는 하나님의 공의를 만족하게 하고 거룩한 뜻을 드러내는 도구이기 때문이다. 하나님은 장애를 다양한 관점에서 말씀하신다. 먼저 징벌의 결과로서 장애를 언급하고 있으며,[343] 그 징벌은 죄에 관한 책임을 묻는 것으로서 하나님의 공의를 만족하게 하는 것이다. 한편으로는 장애가 하나님의 거룩한 뜻을 나타내는 도구가 됨을 말씀해 주고 있다. 예수 그리스도는 선천적으로 앞을 보지 못하는 시각장애인의 눈을 뜨게 하시고 '하나님의 하시는 일을 나타내고자 함이라'고 말씀하셨다.[344] 이것은 장애가 하나님의 거룩한 뜻을 드러내는 선한 도구가 된다는 뜻이다. 이처럼 장애는 징벌의 결과이지만 하나님의 공의를 만족하는 수단으로, 그리고 하나님의 거룩한 뜻을 드러내는 도구로 사용된다는 점에서 깊은 의미가 있다. 정리하자면 장애가 긍정적으로 이해되든지 부정적으로 이해되든지 간에 그것은 하나님의 공의를 만족하게 하고 거룩한 뜻을 드러내는 도구라는 것이다.

셋째, 장애인도 죄에 대한 책임의 결과로 죽음을 맞이한다. 앞에서 언급한 바와 같이 죄인에 대한 하나님의 형벌은 죽음의 결과로 나타난다. 인간의 죄는 하나님과 관계를 끊어놓기도 하지만 한편으로는 하나님의 은혜를 입는 요인이 되기도 한다. "여호와 하나님이 아담과 그의 아내를 위하여 가죽옷을 지어 입히시니라."[345] 그 이유는 하나님은 죄인을 사랑하시기 때문이다. 따라서 인간의 죄는 하나님의 은혜를 부르고, 하나님의 은혜는 인간의 죄를 덮는다.

결론적으로 말하자면 장애인도 죄인이며 죄인에게는 형벌로서 죽음이 따르게 된다. 인간은 죄로 말미암아 타락한 본성을 갖고 태어나 살게 되는데 장애인도 죽음의 형벌을 면제받는 것에 예외가 될 수는 없다. 그리고 사람이 살아가는 세상이 죄로 가득하여서 그 누구도 죄의

---

343) 레위기 26장 16절(삼손의 시각장애), 사무엘하 3장 29절(요압의 지체장애) 등
344) 요한복음 9장 1절-4절
345) 창세기 3장 21절

울타리를 벗어나서 깨끗하게 살 수 없다. 그러나 하나님의 진노로 말미암아 죽을 수밖에 없는 죄인들이지만 그 은혜를 입으면 아담으로부터 전가된 원죄 뿐만 아니라 세상에서 짓는 모든 자범죄를 용서받고 무서운 형벌로부터 면제를 받게 된다. 왜 그런가? 예수 그리스도가 하나님의 자녀의 모든 죗값을 이미 지급하셨기 때문이다. 그러므로 비록 장애인이라 할지라도 하나님께서 주시는 은혜가 있다면 죄의 형벌로부터 전혀 두려워하지 않아도 되는 것이다.

■ 더 깊은 연구를 위한 질문

장애인은 죄의 결과로 찾아오는 하나님의 무서운 징벌을 어떻게 피할 수 있는가?

F. 종말론

3장

영혼의 불멸과 증거
[세례받은 장애인은 어떻게 되는가?]

죽음 이후 영혼은 어떻게 되는가?

앞 장에서 육체의 죽음이 몸과 영혼의 분리이며 현재의 육체적 존재의 마지막이라는 사실을 살펴보았다. 그러면 이런 질문이 생긴다. '영혼은 어떻게 되는가? 육체의 죽음은 영혼의 생명도 끝나게 되는가? 아니면 영혼은 육체의 죽음 후에 계속 존속하는가?

영혼은 몸과 분리된 이후에도 계속하여 존속한다는 영혼불멸설이 성경에 나타나 있고, 이것은 교회의 굳은 신념이다. 하나님이 영적 존재인 것처럼 인간도 하나님의 형상을 따라 창조된 영적 존재이다.[346] 영적 존재라는 것은 본질에서 영적 생명이 소멸하지 않는 존재 곧 영원한 생명을 가진 특별한 존재라는 뜻이다.

구약성경을 살펴보면 영생에 대한 근거가 종종 나타난다. 하나님이 에녹을 죽음 없이 천국으로 데려가셨다는 것과[347] 다윗의 증거 곧 여호와의 집에 영원히 거하겠다는 고백과[348] 솔로몬의 증거 곧 "여호와께서 사람에게 영원을 사모하는 마음을 주셨다"는[349] 내용을 통해 알 수

---

346) 창세기 1장 27절 : "하나님이 자기 형상 곧 하나님의 형상대로 사람을 창조하시되 남자와 여자를 창조하시고."
347) 창세기 5장 24절 : "에녹이 하나님과 동행하더니 하나님이 그를 데려가시므로 세상에 있지 아니하였더라."
348) 시편 23편 6절 : "내 평생에 선하심과 인자하심이 반드시 나를 따르리니 내가 여호와의 집에 영원히 살리로다."
349) 전도서 3장 11절 : "하나님이 모든 것을 지으시되 때를 따라 아름답게 하셨고 또 사람들에게는 영원을 사모하는 마음을 주셨느니라 그러나 하나님이 하시는 일의 시종을 사람으로 측량할 수 없게 하셨도다."

있다. 영혼의 불멸, 곧 영생에 대한 증거는 무엇보다도 예수 그리스도의 선언과 그 삶을 통하여 알 수 있다. "예수께서 이르시되 나는 부활이요 생명이니 나를 믿는 자는 죽어도 살겠고 무릇 살아서 나를 믿는 자는 영원히 죽지 아니하리니 이것을 네가 믿느냐"[350] "하나님이 세상을 이처럼 사랑하사 독생자를 주셨으니 이는 그를 믿는 자마다 멸망하지 않고 영생을 얻게 하려 하심이라."[351]

영생의 모든 증거 가운데 가장 강력하고 결정적인 증거는 예수 그리스도의 부활이다. 이것은 무덤을 깨뜨린 영생의 결정적 증거이다. "내가 볼 때에 그의 발 앞에 엎드러져 죽은 자 같이 되매 그가 오른손을 내게 얹고 이르시되 두려워하지 말라 나는 처음이요 마지막이니 곧 살아 있는 자라 내가 전에 죽었었노라 볼지어다 이제 세세토록 살아 있어 사망과 음부의 열쇠를 가졌노니."[352]

사도 바울은 부활하신 예수 그리스도를 만나고 영생을 눈으로 확인한 후 다음과 같이 말했다. "만일 땅에 있는 우리의 장막 집이 무너지면 하나님께서 지으신 집 곧 손으로 지은 것이 아니요 하늘에 있는 영원한 집이 우리에게 있는 줄 아느니라."[353]

세례받은 장애인은 어떻게 되는가?

교회론에서 언급한 바와 같이 "세례는 단순한 의식이 아니라 새 생명의 탄생을 알리며, 그리스도인이 됨을 공적으로 알리는 거룩한 예식이며 한편으로 하나님과 은혜로운 계약을 맺는 것을 의미한다."고 밝혔다.[354] 만일 하나님이 주신 믿음으로 은혜 언약에 참여한다면, 새 언약의 보증이 되는 예수 그리스도의 어린양 잔치에 참여하는 자로서 하

---

350) 요한복음 11장 25절-26절
351) 요한복음 3장 16절
352) 요한계시록 1장 17절-18절
353) 고린도후서 5장 1절
354) 교회론 5장 '은혜의 방편인 세례'

나님 나라에서 영원한 복락을 누리게 될 것이다. 왜냐하면, 은혜 언약은 속죄 언약에 기초를 두고 있으며 또한 미래를 향하여도 영원히 그 효력이 상실되지 않고 파기되지 않는 영원한 언약이기 때문이다.

다시 언급하자면 은혜 언약은 삼위 하나님이 인간의 구원을 위하여 베풀어주신 언약으로서 삼위 하나님이 역사하시되 성부 하나님은 영원 전에 구원을 계획하시고, 성자 하나님은 이 구원을 십자가에서 성취하시고, 성령 하나님은 이 구원을 우리 각 개인에게 적용하는 일을 하신다. 따라서 은혜 언약은 하나님이 자신을 보증으로 세우시고 하신 언약이며[355] 예수 그리스도가 새 언약의 증인이 되시고,[356] 성령께서 개인마다 적용하며 확인해 주신다.[357]

성령이 주시는 은혜는 장애가 있다고 해서 제한을 받지 않는다. 중증장애인도 마찬가지이다. 왜냐하면 성령은 어떤 것으로부터 제한을 받지 않고 개인에게 역사하시기 때문이다. 그리고 삼위 하나님의 은혜로 말미암아 거룩한 약속에 참여한 장애인은 하나님의 영광으로 가득 찬 거룩한 나라에서 모든 눈물을 씻어주시는 하나님과 함께 영원토록 왕 노릇 한다.[358] "내가 들으니 보좌에서 큰 음성이 나서 이르되 보라 하나님의 장막이 사람들과 함께 있으매 하나님이 그들과 함께 계시리니 그들은 하나님의 백성이 되고 하나님은 친히 그들과 함께 계셔서 모든 눈물을 그 눈에서 닦아 주시니 다시는 사망이 없고 애통하는 것이나 곡하는 것이나 아픈 것이 다시 있지 아니하리니 처음 것들이 다 지나갔음이러라." "다시 밤이 없겠고 등불과 햇빛이 쓸데없으니 이는 주 하나님이 그들에게 비치심이라 그들이 세세토록 왕 노릇 하리로

---

355) 창세기 17장 7절 : "내가 내 언약을 나와 너 및 네 대대 후손 사이에 세워서 영원한 언약을 삼고 너와 네 후손의 하나님이 되리라."
356) 디모데전서 2장 5절, 히브리서 8장 6절, 히브리서 9장 15절
357) 요한복음 16장 13절-14절 : "그러나 진리의 성령이 오시면 그가 너희를 모든 진리 가운데로 인도하시리니 그가 스스로 말하지 않고 오직 들은 것을 말하며 장래 일을 너희에게 알리시리라 그가 내 영광을 나타내리니 내 것을 가지고 너희에게 알리시겠음이라."
358) 요한계시록 21장 3절-4절, 22장 5절

다."

■ **더 깊은 연구를 위한 질문**
물세례와 성령세례는 어떤 의미가 있는가?

F. 종말론

4장
예수님의 재림과 증거
[장애인은 부름의 대상이 되는가?]

"너희는 마음에 근심하지 말라 하나님을 믿으니 또 나를 믿으라 내 아버지 집에 거할 곳이 많도다 그렇지 않으면 너희에게 일렀으리라 내가 너희를 위하여 거처를 예비하러 가노니 가서 너희를 위하여 거처를 예비하면 내가 다시 와서 너희를 내게로 영접하여 나 있는 곳에 너희도 있게 하리라."[359]

예수님의 재림은 언제인가?

예수 그리스도는 자신의 초림 후 재림이 있을 것을 매우 분명하게 밝히셨다. 특별히 공생애 사역이 끝나갈 무렵 자신이 다시 오실 것에 대하여 여러 번 말씀하셨다.[360] 그리고 예수께서 승천하실 때, 천사들도 예수님의 미래적 재림을 언급하였다.[361] 그뿐만 아니라 사도들도 성경의 많은 구절에서 이 사실을 말하고 있다.[362]

예수 그리스도는 자신의 재림이 가깝다고 말씀하셨지만 구체적인 때를 말씀하시지는 않았다. 그러나 재림 전에는 중요한 사건들이 있을 것이라고 말씀하셨다. 그 내용을 살펴보면 오순절에 성령의 능력으로 오실 것과 예루살렘의 멸망을 통해 자신이 오실 것을 말씀하셨다.[363]

---

359) 요한복음 14장 1절-3절
360) 마태복음 24장 30절, 25장 19절, 31절, 26장 64절, 요한복음 14장 3절
361) 사도행전 1장 11절
362) 사도행전 3장 20절-21절, 빌립보서 3장 20절, 데살로니가전서 4장 15절-16절, 데살로니가후서 1장 7절, 10절, 디도서 2장 13절, 히브리서 9장 28절
363) 요한복음 16장

그리고 민족과 민족이 전쟁을 벌이며 세상 곳곳에 기근과 지진이 일어나고 거짓 선지자들이 나타나서 사람들을 미혹한다고 말씀하셨다. 또한 불법이 성행하며 사람들이 사랑하는 것이 식는다고 말씀하셨다. 이 외에도 복음이 모든 나라에 전파되어 세계에서 이방인들을 부르시는 것과 이스라엘 전체가 회심하는 것, 그리고 대배교와 대환란이 일어나고 하늘에 무서운 징조와 함께 적그리스도가 나타난다는 것을 말씀하셨다.[364]

그렇다면 예수 그리스도는 언제 다시 오시는가? 예수님은 그 시간을 아무도 모른다고 말씀하셨다. "그러나 그날과 그때는 아무도 모르나니 하늘의 천사들도, 아들도 모르고 오직 아버지만 아시느니라 노아의 때와 같이 인자의 임함도 그러하리라."[365]

예수 그리스도의 재림의 목적은 이 세상 마지막에 미래의 시대를 여시고 만물에 영원한 상태를 부여하시기 위하여 오실 것이며, 두 개의 대사건 곧 죽은 자의 부활과 마지막 심판을 시작하시고 완성하심으로써 그 일을 다 이루기 위해 오신다고 말씀하셨다.[366]

장애인은 부름의 대상이 되는가?

장애인은 어린양 잔치에 초대받을 수 있는가? 앞 장에서 언급한 바와 같이 은혜 언약에 참여하는 것은 삼위 하나님의 주권적이고 주도적인 사역으로서 인간의 어떤 공로나 도덕적 행위를 요구하지 않는다. 단지, 하나님이 주시는 믿음으로 하나님의 은혜 언약에 참여할 뿐이다. 이것은 창세 전부터 계획된 것으로서 하나님 자신이 보증이 되고, 예수 그리스도가 새 언약의 중보자가 되시며, 성령께서 개인에게 적용하시는 것이다. 은혜로운 약속에 참여하기 위하여 그 어떤 조건도 필

---

364) 마태복음 24장
365) 마태복음 24장 36절-37절
366) 마태복음 13장, 누가복음 9장 26절, 19장 15절, 26절-27절, 요한복음 5장 25절-29절

요로 하지 않는다. 설사 장애가 심하여 인지능력과 의지가 거의 없다 할지라도 거부되거나 제한을 받지 않는다.

예수님의 초림과 재림의 공통적인 특징이 있다면 세상을 회복하는 것이다. 특히, 고통당한 자들을 위로하고 회복시키며, 영원한 생명을 주시고 하나님과 함께 그 나라에서 왕 노릇하게 하기 위함이다. 그러므로 고통이 집약적으로 나타나는 장애인은 예수 그리스도의 우선적 관심의 대상이며 초대의 대상이 되는 것이다. 특별히 예수 그리스도의 재림 목적 중 하나는 모든 악의 세력을 파멸시키고 원수들을 발아래에 두어 심판하시는 데 있다. 그러므로 교회는 장애인들에게 적극 복음을 전하며, 예수 그리스도의 초림과 재림의 소식을 알려야 한다. 그리고 그들을 복음으로 변화시켜 마지막 때를 준비시키고 복음의 증인으로서 살아가도록 해야 한다. 또한, 언제 다시 오실지 모르는 신랑 되시는 예수 그리스도를 맞이할 아름다운 신부가 되게 해야 한다.

■ 더 깊은 연구를 위한 질문

교회는 장애인을 어떻게 초대해야 하는가?

F. 종말론

5장
천년왕국과 특징
[장애인에게 어떻게 가르쳐야 하는가?]

"또 내가 보매 천사가 무저갱의 열쇠와 큰 쇠사슬을 그의 손에 가지고 하늘로부터 내려와서 용을 잡으니 곧 옛 뱀이요 마귀요 사탄이라 잡아서 천 년 동안 결박하여 무저갱에 던져 넣어 잠그고 그 위에 인봉하여 천 년이 차도록 다시는 만국을 미혹하지 못하게 하였는데 그 후에는 반드시 잠깐 놓이리라."[367]

천년왕국이란 무엇인가?

성경은 예수 그리스도가 사탄과 그 무리를 완전히 패배시키고 성도들과 함께 천 년을 다스리신다는 것을 언급하고 있다. 사실 천년왕국은 개혁주의 신학에서는 핵심적인 문제로 다루지 않는다. 그러나 성경에 언급된 내용을 무시할 수 없기에 몇 가지 정리해보려고 한다. 먼저 생각해 보아야 할 것은 "천년왕국이 어떤 성격인가? 시기는 언제인가? 다른 사건들과 어떤 관계가 있는가?"이다. 그러나 가장 중요하게 대두하는 것은 시기의 문제로서 예수 그리스도가 언제 재림하시는가이다.

일반적으로 4가지 천 년설 견해가 있는데 다음과 같다.

첫째, 무천년기 재림설(Amillennialism) : '천년 동안 왕 노릇하리라'는[368] 말씀에서 '천년'을 문자적으로 해석하지 않고 그리스도의 초

---

367) 요한계시록 20장 1절-3절
368) 요한계시록 20장 4절

림으로부터 재림 사이의 전체 기간을 가리키는 상징적인 기간으로 보는 견해다. 무천년기 재림설의 천 년이란 완전한 기간, 곧 그리스도의 초림과 재림 사이의 기간을 의미하는데 이 천년동안 육체를 떠난 성도들의 영혼이 천국에서 그리스도와 함께 영적으로 왕 노릇을 한다는 것이다.

둘째, 천년기 후 재림설(Postmillennialism) : 그리스도의 복음이 세계 모든 사람에게 전해진 후에 재림하신다는 견해다. 이 견해는 현 세대 즉, 교회 시대 동안에 누리는 영적으로 번영된 황금시대로서 이 세상에서 적극 활동하는 복음 전파에 의하여 이루어진다고 생각하며, 문자적 천 년보다 훨씬 긴 기간 동안 계속된다고 보는 견해이다.

셋째, 천년기 전 재림설(Premillennialism) : 세대주의적 견해이며 성경을 문자적, 기계적으로 7세대로 구분하여 역사는 시대적 상황에 따라 진행된다고 보는 견해이다. 7세대는 ① 무죄 또는 자유의 세대, ② 양심 또는 자기 결정의 세대, ③ 인간통치의 세대, ④ 약속의 세대 혹은 족장통치의 세대, ⑤ 모세 율법의 세대, ⑥ 은혜의 세대 혹은 교회시대, ⑦ 천년왕국의 세대로 구분한다. 이것은 유대인들이 지상왕국을 건설하려고 초림하신 예수님을 거절했기 때문에 재림하기 전에 임시적으로 교회를 이 땅에 세우고 승천하셨다는 것이다. 그리고 예수님이 지상 재림하신 후 천 년 동안 왕 노릇하신다는 견해.

넷째, 역사적 천년기 전 재림설(Historic Premillennialism) : 예수 그리스도가 세상 종말의 대환란의 절정에서 재림하셔서 죽은 성도들을 부활시킨 후 천 년 동안 그들과 함께 왕 노릇하실 것이란 견해다. 이 견해의 천 년은 문자적 천 년으로 해석한다.[369]

결론적인 이야기를 하자면, 천년왕국에 대한 교리는 매우 심각한 신학적 난제를 안고 있으므로 어떤 견해를 주장하는 것은 비판받을 수

---

369) 하문호, 『기초 교의신학』, p.147-177

있다는 것이다. 그러므로 천년왕국에 대한 기대와 소망을 갖고 하루하루를 하나님의 은혜에 감사하며 살아가는 것이 중요하다고 생각된다.

장애인에게는 천년왕국을 어떻게 가르쳐야 하는가?

앞에서 언급한 바와 같이 성경은 예수 그리스도가 이미 사탄과 그 무리와의 영적 전쟁에서 승리하셨음을 말한다. 그리고 현재를 살아가는 성도들도 그리스도께서 이미 승리하신 영적 전쟁에 계속해서 참여하고 있으며, 예수 그리스도를 따르는 거룩한 성도들도 예수 그리스도와 함께 영광스런 하나님 나라에서 영원히 왕 노릇한다는 사실을 동시에 가르쳐야 할 것이다.

■ 더 깊은 연구를 위한 질문

장애인에게 하나님 나라와 그곳에서의 삶을 어떻게 가르쳐야 하는가?

F.
종말론

6장
죽은 자의 부활
[장애인은 어떻게 부활하는가?]

"형제들아 자는 자들에 관하여는 너희가 알지 못함을 우리가 원하지 아니하노니 이는 소망 없는 다른 이와 같이 슬퍼하지 않게 하려 함이라 우리가 예수께서 죽으셨다가 다시 살아나심을 믿을진대 이와 같이 예수 안에서 자는 자들도 하나님이 그와 함께 데리고 오시리라 우리가 주의 말씀으로 너희에게 이것을 말하노니 주께서 강림하실 때까지 우리 살아 남아 있는 자도 자는 자보다 결코 앞서지 못하리라 주께서 호령과 천사장의 소리와 하나님의 나팔 소리로 친히 하늘로부터 강림하시리니 그리스도 안에서 죽은 자들이 먼저 일어나고 그 후에 우리 살아 남은 자들도 그들과 함께 구름 속으로 끌어 올려 공중에서 주를 영접하게 하시리니 그리하여 우리가 항상 주와 함께 있으리라 그러므로 이러한 말로 서로 위로하라."[370]

죽은 자들은 부활하는가?

모든 그리스도인에게 부활은 궁극적 소망이며, 모든 고난 속에서도 좌절하지 않는 용기와 힘의 원천이라고 할 수 있다. 사도 바울이 말한 대로 "만일 그리스도 안에서 우리가 바라는 것이 다만 이 세상의 삶뿐이면 모든 사람 가운데 우리가 더욱 불쌍한 자"일 수밖에 없다.[371] 이처럼 부활은 모든 그리스도인에게 매우 중대한 사건이다.

---

370) 데살로니가전서 4장 13절-18절
371) 고린도전서 15장 19절

그렇다면 죽은 자의 부활은 어떻게 알 수 있는가?

죽은 자의 육체가 다시 살아서 영원한 생명의 세계에 들어간다는 사실을 명확하게 가르쳐 주는 것은 하나님의 특별계시인 성경밖에 없다. 성경은 예수 그리스도의 부활을 예언했고[372] 역사적 사실로 증명되었으며 또 한 걸음 더 나아가 죽은 자들은 부활의 첫 열매가 되신 예수 그리스도를 따라 부활할 것을 약속하고 있다. 이것은 신약 성경뿐만 아니라 구약 성경에서도 발견된다.[373]

예수 그리스도의 재림 때 이루어질 성도들의 부활은 삼위 하나님의 사역으로서 예수 그리스도의 부활의 결과이다. "만일 죽은 자의 부활이 없으면 그리스도도 다시 살아나지 못하셨으리라 그리스도께서 만일 다시 살아나지 못하셨으면 우리가 전파하는 것도 헛것이요 또 너희 믿음도 헛것이며 또 우리가 하나님의 거짓 증인으로 발견되리니 우리가 하나님이 그리스도를 다시 살리셨다고 증언하였음이라 만일 죽은 자가 다시 살아나는 일이 없으면 하나님이 그리스도를 다시 살리지 아니하셨으리라 만일 죽은 자가 다시 살아나는 일이 없으면 그리스도도 다시 살아나신 일이 없었을 터이요 그리스도께서 다시 살아나신 일이 없으면 너희의 믿음도 헛되고 너희가 여전히 죄 가운데 있을 것이요 또한 그리스도 안에서 잠자는 자도 망하였으리니 만일 그리스도 안에서 우리가 바라는 것이 다만 이 세상의 삶뿐이면 모든 사람 가운데 우리가 더욱 불쌍한 자이리라 그러나 이제 그리스도께서 죽은 자 가운데서 다시 살아나사 잠자는 자들의 첫 열매가 되셨도다 사망이 한 사람으로 말미암았으니 죽은 자의 부활도 한 사람으로 말미암는도다 아담 안에서 모든 사람이 죽은 것 같이 그리스도 안에서 모든 사람이 삶

---

[372] 시편 16편 등
[373] 구약 성경 이사야 26장 19절, 다니엘서 12장 2절, 에스겔서 37장 13절, 신약성경 요한복음 5장 29절, 6장 39절, 54절, 요한복음 11장 25절, 데살로니가전서 4장 16절 이하, 빌립보서 3장 21절, 로마서 8장 11절 등

을 얻으리라."[374]

그러므로 의인의 육신은 예수 그리스도의 공로로 말미암아 주님의 영광스런 몸과 같이 다시 썩지 않는 신령한 것이 되어 권능 중에 일어날 것이다.[375] 그러나 죽은 자의 육체가 다시 살아나는 부활은 그리스도 안에서 죽은 성도들에게만 아니라 그 외의 모든 악인에게도 있다. 다만 이 두 가지 부활의 차이점은 성도들은 영생을 위하여, 그리고 악인들은 영벌을 위하여 된다는 것이다. "땅의 티끌 가운데에서 자는 자 중에서 많은 사람이 깨어나 영생을 받는 자도 있겠고 수치를 당하여서 영원히 부끄러움을 당할 자도 있을 것이며."[376] "이를 놀랍게 여기지 말라 무덤 속에 있는 자가 다 그의 음성을 들을 때가 오나니 선한 일을 행한 자는 생명의 부활로, 악한 일을 행한 자는 심판의 부활로 나오리라."[377]

장애인은 어떻게 부활하는가?

성경은 성도의 부활 시, 그 몸이 크게 변화될 것을 분명하게 말씀해 주고 있다. 옛 몸과 새로운 몸 사이에는 어떤 연관성이 있겠지만 확실한 것은 예수 그리스도처럼 된다는 것이다. 왜냐하면, 부활의 첫 열매가 되신 예수 그리스도가 제자들의 몸이 자신의 몸과 같이 될 것을 말씀해 주셨기 때문이다.[378] 그러므로 예수 그리스도 안에서 잠자는 거룩한 장애인 역시 옛 몸과 영혼을 벗고 영광스런 광채가 나는 새 몸과 영혼을 입을 것이다. 이것은 썩지 않는 몸이며 죽지 않는 거룩한 영혼이다. 약한 몸이 아니라 강한 몸이며 변화된 신령한 몸이다.[379]

---

374) 고린도전서 15장 13절-22절
375) 웨스트민스터 대요리문답. 87문
376) 다니엘서 12장 2절
377) 요한복음 5장 28절-29절
378) 고린도전서 15장 49절 : "우리가 흙에 속한 자의 형상을 입은 것 같이 또한 하늘에 속한 이의 형상을 입으리라."
379) 고린도전서 15장 52절-53절 : "나팔 소리가 나매 죽은 자들이 썩지 아니할 것으로 다시 살아나고 우

얼굴에는 하나님의 영광의 광채가 나고 온전한 지혜와 말로써 대화하며 하나님을 영원히 찬양할 것이다. 세상에서 나누지 못했던 마음의 대화를 하고 사랑을 나눌 것이다. 그리고 세상에서 즐기지 못했던 삶을 마음껏 누릴 것이다. 아픈 것과 슬픈 것과 부족한 것이 없는 완벽한 삶을 살 것이다. 그때는 세상에 있던 것이 없어지고 없던 것이 있으며, 완전한 환경 속에서 거룩하신 하나님과 구원받은 성도들과 함께 하루가 천년 같고 천년이 하루 같은 행복하고 자유로운 삶을 영원히 누릴 것이다.[380] 그러나 하나님의 은혜를 입지 못한 사람들, 곧 "두려워하는 자들과 믿지 아니하는 자들과 흉악한 자들과 살인자들과 음행하는 자들과 점술가들과 우상 숭배자들과 거짓말하는 모든 자들은 불과 유황으로 타는 못에 던져져서"[381] 영원히 고통받는 삶을 살게 될 것이다.

■ 더 깊은 연구를 위한 질문

부활할 때 갖는 새 영혼과 새 몸이란 구체적으로 무엇인가?

리도 변화되리라 이 썩을 것이 반드시 썩지 아니할 것을 입겠고 이 죽을 것이 죽지 아니함을 입으리로다."
380) 요한계시록 21장
381) 요한계시록 21장 8절

F. 종말론

7장
최후의 심판
[장애인은 심판의 대상이 되는가?]

"내가 내 마음속으로 이르기를 의인과 악인을 하나님이 심판하시리니 이는 모든 소망하는 일과 모든 행사에 때가 있음이라 하였으며."[382]
"하나님은 모든 행위와 모든 은밀한 일을 선악 간에 심판하시리라."[383]
"한 번 죽는 것은 사람에게 정해진 것이요 그 후에는 심판이 있으리니."[384]

최후의 심판은 있는가?

최후의 심판 교리는 신·구약성경 여러 곳에서뿐만 아니라, 이미 사도신경에서부터 "저리로서 산 자와 죽은 자를 심판하러 오시리라."는 구절을 통해 나타나고 있다. 최후 심판의 대상에는 모든 이성적 피조물이 포함된다는 점에서, 그리고 개개인의 모든 행위가 선악 간에 모두 드러난다는 점에서 전체적이다. 또한 최후의 심판에는 세계의 파멸이 동반되리라는 것이 지배적이다. 최후의 심판을 하시는 심판장은 예수 그리스도가 될 것이며, 다른 사람들은 조력자가 될 것임을 말씀해 주고 있다.[385] 어쩌면 성도들이 그리스도와 함께 앉아 심판할지도 모른

---

382) 전도서 3장 17절
383) 전도서 12장 14절
384) 히브리서 9장 27절
385) 마태복음 25장 31절-32절 : "인자가 자기 영광으로 모든 천사와 함께 올 때에 자기 영광의 보좌에 앉으리니 모든 민족을 그 앞에 모으고 각각 구분하기를 목자가 양과 염소를 구분하는 것 같이 하여 양은 그 오른편에 염소는 왼편에 두리라."
요한복음 5장 27절, 사도행전 10장 42절, 17장 31절, 빌립보서 2장 10절, 디모데후서 4장 1절

다.[386]

그렇다면 심판을 받게 될 대상은 누구인가?

성경은 적어도 두 무리가 심판을 받게 되리라는 사실을 분명히 말씀해 주고 있다. 타락한 천사들이 하나님의 심판대 앞에 설 것이라는 사실은 매우 분명하다.[387] 사탄과 그의 귀신들은 심판의 날에 최후의 운명을 맞게 될 것이다. 또한 모든 사람이 각각 심판의 자리에 나오리라는 것도 매우 분명하다.[388] 그러나 신자들도 심판을 받는다. 신자들의 죄도 '용서받은 죄'로서 이기는 하겠지만 역시 드러나리라는 것이다. 더군다나 의인들도 심판장되신 그리스도 앞에 서게 된다는 것이 너무도 분명하다.[389]

심판의 시기는 언제인가?

미래에 있을 최후 심판의 때는 절대적으로 확정할 수 없다. 단지 최후의 심판은 '심판 날', '그날', '진노의 날' 등으로 표현하는데 그날은 예수 그리스도의 강림(파루시아)에 수반될 것이며 죽은 자의 부활 직후에 있게 될 것이다.[390] 그러나 이것이 천지의 갱신 직전이 될지, 동시적일지, 혹은 그 직후에 있을 것인지를 성경적 기초 위에서 확정하기란 어렵다. 왜냐하면 요한계시록 20장 11절은 심판이 시작될 때, 우주의 변형이 있을 것을 말씀하시는 듯하고, 베드로후서 3장 7절은 두 사건이 동시적인 것을 가르치는 듯하며, 요한계시록 21장 1절은 심판 뒤에 천지의 갱신이 있을 것을 암시하는 것 같기 때문이다. 다만 일반적인 입장에서 그것들이 동시에 일어날 것이라고 말할 수 있을 뿐이다.[391]

---

386) 시편 149편 5절-9절, 고린도전서 6장 2절, 요한계시록 20장 4절
387) 마태복음 8장 29절, 고린도전서 6장 3절, 베드로후서 2장 4절, 유다서 1장 6절
388) 전도서 12장 14절, 시편 50편 4절-6절, 마태복음 12장 36절-37절, 25장 32절, 로마서 14장 10절, 고린도후서 5장 10절, 요한계시록 20장 12절
389) 마태복음 13장 30절, 40절-43절, 49절, 25장 14절-23절, 34절-40절, 46절
390) 다니엘서 12장 2절, 요한복음 5장 28절-29절, 계시록 20장 12절-13절
391) 루이스 벌코프, 『벌코프 조직신학』, p.1010

그렇다면 심판의 표준은 무엇인가?

성도들과 죄인들이 심판을 받게 될 표준은 분명 하나님께서 계시하신 뜻일 것이다. 그러나 이것은 모든 사람에게 같은 것은 아니다. 어떤 사람은 다른 사람들보다 더 큰 특권과 능력을 갖춘 반면에 장애인은 특권과 능력이 부족하거나 없기 때문이다. 그러나 이것은 다른 계층의 사람들에게 각기 다른 구원의 조건이 있다는 뜻은 아니다. 심판대에 서게 될 모든 사람에게 있어서 천국에 들어가느냐 들어가지 못하느냐의 여부는 그들이 예수 그리스도의 옷을 입었는가 입지 않았는가에 따라 결정될 것이다. 그러나 천국의 복락과 지옥의 형벌에는 각각 정도의 차이가 있을 것이다.[392] 그리고 이방인들은 그들의 마음에 새겨진 자연의 법에 따라, 옛 세대의 이스라엘 백성은 구약의 계시에 의해서만, 그리고 자연의 빛과 구약의 계시, 복음의 빛을 누린 사람들은 그들이 받았던 보다 큰 빛에 의해 심판을 받게 될 것이다.[393]

장애인은 심판의 대상이 되는가?

앞에서 이미 언급한 바와 같이 심판대에 서지 않는 사람은 없다. 장애인이라 할지라도 심판을 거부하거나 회피할 수 없다. 왜냐하면, 최후의 심판은 하나님의 절대적인 선언과 약속에 기초한 것이기 때문이다. 그러나 앞에서 언급한 바와 같이 영벌의 심판이 아닌 천국 복락을 누리는 영생의 심판을 받으려면 오직 예수 그리스도의 옷을 입어야 한다. 그 옷은 예수 그리스도의 말씀을 믿고 은혜로운 약속에 참여한 자가 입을 수 있다. 지적 능력이 탁월하거나 신념과 의지가 강해서가 아니라 아무리 몸이 연약하고 의지와 능력이 부족하여도 성령 하나님의 인침의 은혜를 입은 자가 그 옷을 입는 것이다. 그러므로 연약한 장애

---

392) 마태복음 11장 22절, 24절, 누가복음 12장 47절-48절, 20장 47절, 다니엘서 12장 3절, 고린도후서 9장 6절
393) 루이스 벌코프, 『벌코프 조직신학』, p.1010

인이 성령의 인침의 은혜를 입기 위하여 눈물을 흘리며 가슴을 찢는 중보기도와 함께 예배의 자리에 나오도록 하여 생명의 복음을 듣고 그 말씀을 따라 살도록 도와주어야 한다. 왜냐하면, "하나님은 모든 사람이 구원을 받으며 진리를 아는 데 이르기를 원하시기 때문이다."[394]

우리는 최후의 심판을 두고 두렵고 떨리는 마음으로 그날을 맞이해야 한다. 하나님의 은혜로운 약속을 굳게 믿고 지키는 사람이 별로 없기 때문이다. 한편으로는 최후의 심판을 생각하면서 기대와 소망으로 충만해야 한다. 아무리 작은 믿음이라도 바른 믿음을 가졌다면 예수 그리스도와 함께 천국에서 왕 노릇 하며 영원한 복락의 삶을 누릴 수 있기 때문이다. 그리스도인은 최후의 심판을 항상 의식해야 하며 그때를 기다리며 살아야 한다. 그날은 하나님께서 모든 것을 새롭게 하시며 누구도 상상할 수 없는 새로운 세계가 영원히 펼쳐지기 때문이다.

"이것들을 증언하신 이가 이르시되 내가 진실로 속히 오리라 하시거늘 아멘 주 예수여 오시옵소서! 주 예수의 은혜가 모든 자들에게 있을지어다 아멘!"

■ 더 깊은 연구를 위한 질문

구원받은 그리스도인에게 심판의 날이란 어떤 의미를 갖는가?

---

394) 디모데전서 2장 4절

참조자료

01. Anthony A. Hoekema,『개혁주의 종말론』, (서울 : 기독교문서선교회, 1986)
02. David W. Anderson,『신학적 관점에서본 장애인 이해』, (서울 : 도서출판 밀알서원, 2016)
03. Henri J. M. Nouwen,『긍휼』, (서울 : IVP, 2009)
04. Jang. Vanie,『공동체와 성장』, (서울 : 성 바오로, 1999)
05. Kenneth O. Gangel. H. G. Hendricks,『참된 기독교 교육자를 만드는 교수법』, (서울 : 파이디온선교회, 1994)
06. Louis Berkhof,『벌코프 조직신학』, (경기 : 크리스챤 다이제스트, 1993)
07. Louis Berkhof,『기독교 신학개론』, (서울 : 성광문화사, 1991)
08. Matt Friedeman,『이렇게 가르치셨다』, (서울 : 파이디온선교회, 1996)
09. M. Scott Peck,『거짓의 사람들』, (서울 : 도서출판 두란노, 2000)
10. O. Palmer Robertson,『계약신학과 그리스도』, (서울 : 기독교문서선교회, 1983)
11. Peter Kuzmik,『교회와 하나님의 왕국』, (서울 : 새순 출판사, 1990)
12. Robert P. Ingalls,『정신지체아 교육의 원리와 실제』, (경기 : 교육과학사, 1994)
13. Rodger K. Bufford,『귀신 들림과 상담』, (서울 : 도서출판 두란노, 1995)
14. Robert H. Staine,『예수님께서는 무엇을, 어떻게 가르치셨는가』, (서울 : 여수룬, 1992)
15. Rober W. Pazmino,『권위있는 가르침』, (서울 : 도서출판 디모데, 2002)
16. 김해용,『연약함의 신비』, (서울 : 도서출판 한장연, 2020)
17. 김해용,『치유영성』, (서울 : 도서출판 한장연, 2010)
18. 박봉수,『교육목회의 이해』, (서울 : 한국장로교출판사, 2008)
19. 안교성,『장애인을 잃어버린 교회』, (서울 : 홍성사, 2003)
20. 이계윤,『장애이선교의 이론과 실제』, (경기 : 한국특수요육연구소 출판부, 1996)
21. 임지원,『특수교육의 맥』, (서울 : 박문각 에듀스파, 2015)
22. 안병즙·정재권,『장애인 이해』, (경기 : 형설 출판사, 1999)
23. 하문호,『기초 교의신학』, (서울 : 삼영서관, 1983)
24. 황의경,『정신지체아 이해와 교육』, (서울 : 홍익사, 1992)
25.『목회와 신학』, 두란노. 2013. 01. 2018.10

장애신학
DISABILITY THEOLOGY

초판 인쇄 발행 · 2022년 11월 15일
발행인 · 김해용
발행처 · 도서출판 한장연
등록 · 제319-2013-45호
주소 · 서울시 동작구 사당로 9가길 23 1층
전화 · 02.596.4973   **팩스** · 02.596.4975
홈페이지 · http://www.kmindmall.com

편집인/저자 · 김해용
표지/편집디자인 · 박준영
표지그림 · 석용욱

이 책에 실린 글을 무단으로 복제 · 배포하는 것은
저작자의 권리를 침해하는 것입니다. ⓒ도서출판 한장연

ISBN · 979-11-86101-69-8
※ 가까운 서점 및 www.kmindmall.com에서 쉽게 구매하실 수 있습니다.